BUSINESS C

商业汉语
Business Chinese

庄稼婴、张增增 合著

By Jiaying Howard and Tsengtseng Chang

The Chinese University Press

Business Chinese
   By Jiaying Howard and Tsengtseng Chang

© **The Chinese University of Hong Kong**, 2005

ISBN 978–962–996–216–6

First printing, 2005
Second printing, 2009

THE CHINESE UNIVERSITY PRESS
The Chinese University of Hong Kong
SHA TIN, N.T., HONG KONG
Fax: +852 2603 6692
      +852 2603 7355
E-mail: cup@cuhk.edu.hk
Web-site: www.chineseupress.com

Printed in Hong Kong

目 录

简介　Introduction

　　商业汉语是对外汉语教学中的一个较新领域，在教学大纲的设计、教材的编写、教学法、测试等方面都亟待研究探索。《商业汉语》是在概览了目前已出版的商业汉语教材之后，针对商业内容面过窄而编写的。本教材以汉语为非母语的高年级学生为对象，旨在帮助学生掌握商业知识和商业汉语技能。

　　Business Chinese is a relatively new field in teaching Chinese as a foreign language and much research and exploration are needed in the areas of curriculum design, material development, pedagogy, and assessment. After examining commercially available business Chinese materials, we have compiled *Business Chinese*, in order to expand the business content. The textbook is suitable for advanced learners who are non-native speakers of Chinese. It aims at assisting students to acquire content knowledge and languages skills suitable for the business world.

《商业汉语》的特点
Features of *Business Chinese*

　　商业汉语教学属于专业外语教学的范畴，其理论基础是突出语言在沟通中的作用，并将内容放在外语学习之首，因为学习语言的最终目的并非为了单纯掌握某种语法形式，而是为了表达思想传递信息。传统的外语教学根据语言形式安排教学大纲，如哪些语法点、哪些词汇、哪些句型是学生必须掌握的，并在此基础上决定教学的内容与顺序，而专业外语教学则首先考虑专业内容，语言形式随专业内容而定。本书的编写遵循的是专业外语教学的原则，(1) 以专业内容为中心，(2) 以主题为基础，(3) 语言教学围绕专业内容而进行。

Business Chinese falls into the category of content-based instruction (CBI). CBI is based on the core principles of communicative approach, particularly those relate to the role of meaning in language learning. The ultimate goal of learning a language is not to master a grammatical form, but to deliver ideas and information. Conventional foreign language instruction bases its curriculum on linguistic forms, requiring students to master certain grammar, vocabulary, and sentence structures. Linguistic forms determine when to teach what. Content-based instruction, on the contrary, is content driven. Content decides which linguistic forms to be learned. In compiling the present textbook, we have followed the CBI principles: (1) focuses on content; (2) bases on themes; and (3) language presentation is dictated by content.

《商业汉语》有三大特点：

Business Chinese has three characteristics:

一、 内容面宽。本书摆脱了传统商业汉语教材的格式，除了常见的外贸话题之外，还包括了其他与商业主题，如促销与广告、电子商务、股票市场、银行业务、房地产、商业法等。

1. Rich content. Different from conventional business Chinese textbooks that usually focus on foreign trade, *Business Chinese* contains many business-related themes, such as sales, advertisement, E-commerce, the stock market, banking, real estate, business laws, etc.

二、 大量采用真实地道语料。《商业汉语》选用了政府文件、报刊文章、商品业务广告、公司小册子、会计报表、商业合同等多种形式的原材料。在外语教学中采用地道语料，不但能保证专业内容的准确性和真实性，而且使语言运用更贴近现实，更为实际。

2. Extensive use of authentic materials. *Business Chinese* uses a great variety of authentic materials including government documents, newspaper articles, commercial advertisement, company brochures, accounting reports and business contracts. Authentic materials are essential for content accuracy and authenticity. Furthermore, the language used is closer to the real world and more practical.

三、 配有以交流为主，以学生为主，互动的多样性教学任务。采用地道语料的一大挑战是如何帮助学生克服语言障碍，获得专业信息。为此，我们根据第二语言习得理论和以沟通为主导的外语教学理论设计了多种教学任务。通过完成教学任务，学生能改善语言沟通能力，提高自信心、学习兴趣、与学习动力，逐步掌握处理不熟悉语言现象的能力及技巧。

3.   A variety of learner-centered, communicative, and interactive learning tasks. One of the challenges of using authentic materials is assisting students to overcome the language barrier in order to obtain content information. Therefore, we have designed a variety of learning tasks in accordance with second language acquisition theories and the communicative approach. By accomplishing learning tasks, students will improve their communicative ability, enhance self-confidence, interest and motivation, and master the skills of dealing with unfamiliar linguistic information.

《商业汉语》的内容和结构
Contents and Structure of *Business Chinese*

《商业汉语》包括与商业有关的十二个主题，每课一个主题：

1. 公司介绍
2. 国际贸易
3. 促销和广告
4. 电子商务
5. 审阅财务会计报告
6. 银行业务
7. 股票市场
8. 保险业务
9. 房地产
10. 商业合同
11. 商业法
12. 环境保护和可持续发展

Business Chinese includes 12 business-related themes. Each chapter focuses on one theme:

1.   Company
2.   International Trade

3. Sales and Advertisement
4. E-commerce
5. Financial and Accounting Reports
6. Banking
7. The Stock Market
8. Insurance
9. Real Estate
10. Business Contracts
11. Business Laws
12. Environmental Protection and Sustainable Development

每一课由七个部分组成：

Each chapter consists of seven parts:

一、概要

每课之前配有中英文内容概要。除了介绍每课的专业内容之外，还
提供了相关的背景资料，总结了在与该课主题有关的商业领域内，
中国近期的发展。

1. Abstract
There is a Chinese and English abstract for each chapter. The abstract
not only describes the content of the chapter, it also provides
background information that summarizes China's recent development
in a particular business field in accordance with the theme of the chapter.

二、对话(简体字和繁体字文本)

《商业汉语》的对话是由一条故事主线贯串起来的，主要人物是主修国
际商务的美国学生，为进一步了解中国的商业发展，参加了在上海举
办的"中国商务"暑期学习班。上课之余，学生经常去各商业机构参观
访问。对话是学生去商业机构访问时与有关人员的谈话。

设置对话部分是为了：(1)引导学生由浅入深地学习商业汉语知识；
(2)体现口语与书面语的差异；(3)在内容上与地道书面语料互补。
譬如在审阅会计报表一课中，书面材料是会计报表，在口语中则归
纳解释了各种不同的报表的作用。

2. Dialogue (in both simplified and traditional characters)
   All the dialogues in *Business Chinese* are connected by a story line. The main characters are US students majoring in international business. In order to gain a better understanding of business developments in China, they come to the summer program of Chinese business in Shanghai. Apart from attending classes, they frequently visit business institutions. Dialogues take place during these visits. Dialogues are developed to: (1) introduce business Chinese in a gradual way — from simpler to more complicated; (2) demonstrate the differences between spoken and written Chinese; and (3) add to the content in the authentic materials. For instance, in the chapter of "Financial and Accounting Reports", the authentic materials are accounting reports. The dialogue summarizes and explains the function of different types of these reports.

三、课文（简体字和繁体字文本）

所有课文均采用地道书面语料，使学生有机会接触内容丰富真实、
语言形式较为复杂的语料。

3. Text (in simplified and traditional characters)
   All texts are authentic materials, which expose students to language with rich authentic content and complex linguistic forms.

四、 生词表（简体、繁体、拼音、词类、英文解释）

4. New Words (simplified and traditional characters, *pinyin*, part of speech, and English explanation)

五、语法练习 （简体字和繁体字文本）

这一部分解释语法难点，并提供相应的语法练习，帮助学生掌握语
法的三个方面：形式、意义、运用。

5. Grammar Practice (in simplified and traditional characters)
   To help students master the three aspects of grammar (form, meaning, and use), this part explains grammar and provides relevant exercises.

六、综合练习（简体文本）

这部分的教学任务基于对话与课文，结合听说读写四方面。教学任

务形式多样，有信息结对、填补信息空白、理解题、正误题、选择
题、情景对话、讨论等各种形式。

6. Integrated Practice (in simplified characters)
   Learning tasks in this part are based on dialogues and texts. They
   integrate listening, speaking reading and writing. The tasks come in
   a variety of formats, such as information match, filling information
   gaps, comprehension questions, judgment questions, multiple choices,
   situational conversations, discussion topics, etc.

七、补充练习（简体文本）

补充练习为学生创造更多机会接触地道商业语料，进一步培养他们
分析问题、解决问题的能力。鉴于高校授课时间有限，特将综合练
习和补充练习分开，师生可灵活采用全部或部分补充练习。

7. More Practice (in simplified characters)
   This part provides more opportunities for students to deal with
   authentic business language. They can further improve their ability
   in analysis and problem solving. Since class time is limited for most
   universities, we have divided learning tasks into Integrated Practice
   and More Practice. Learners and instructors can adopt all or some of
   the learning tasks in the "More Practice" part.

本书有三个附录，一、听力材料文本，二、生词索引 (汉英)，三、语法
索引。 另外，随书附送辅助光碟，里面载有每一课的听力练习，以及「对
话」、「课文」、「生词」三部分的录音材料。

At the end of the book, three appendixes are provided: (1) transcript for
listening practice; (2) vocabulary index (from Chinese to English); and (3)
grammar index. Besides, there are two audio CD (optional) with the book which
include the audio files of the "listening practice", "dialogue", "text" and "new
words" in each chapter.

以下是本书所用的词类缩写：

The following is the abbreviations for part of speech used in the book:

词　类		
Part of Speech		
A	Adjective	形容词
Ad	Adverb	副词
Conj	Conjunction	连词
MW	Measure Word	量词
N	Noun	名词
P	Preposition	介词
V	Verb	动词
VO	Verb + Object	动宾动词

第 ① 课

公司介绍

随着中国经济改革的继续深入，国有企业的比重逐渐下降，非国有企业的数目不断上升。集体企业、私营企业、股份制企业、合资企业都属于非国有企业。此外，外商独资企业也迅速发展。目前，非国有经济在国民经济中的比例已经达到百分之七十左右。

本课介绍了一家国际贸易公司，包括公司一般情况、公司性质、业务范围等。

With China continuing its economic reform, the proportion of state enterprises has been gradually reduced and the number of non-state enterprises continues to grow. Non-state enterprises are those funded by collective, private, shareholder or partial foreign capital (joint ventures). In addition, foreign enterprises have also developed rapidly. Currently, non-state economy constitutes approximately 70% of the GNP.

This chapter describes an international trade company, including the general information, the characteristics, and the business scope of the company.

上图：上海一证券公司
Photo: One securities company in Shanghai

一、对话

（玛丽和大卫在美国某商学院主修国际商务。为了进一步了解中国的商业发展，他们参加了在上海举办的"中国商务"暑期学习班。除了上课以外，学习班还经常安排学生去各商业机构参观访问。今天，王老师带他们来到了华明国际贸易公司。）

王老师：　我来介绍一下，这是来自美国的玛丽和大卫。这是华明公司的张先生。

玛丽和大卫：您好，张先生。

张先生：　你们好。欢迎来华明公司参观。我先来介绍一下公司的情况。我们公司是1997年成立的，主要经营国际贸易。成立以来，进出口贸易额年年增加，今年上半年就达到了六千万美元。这是公司的简介，有空你们可以看看。

玛丽：　　华明是国有公司吧？

张先生：　不，我们是一家合资公司，正副董事长来自中日美三家公司。

王老师：　随着经济改革，中国的企业体制也有所改变，现在除了国有企业以外，还有许多三资企业。

大卫：　　三资是什么意思？

王老师：　就是外资、合资、独资。华明就是三国合资建立的国际贸易公司。

张先生：　我们公司是进出口都做，方式比较灵活，因此生意越做越大。我们先去参观一下综合业务部吧，这个部门的经营范围比较广。

王老师：　好吧，如果有问题，我们可以边走边谈。

一、對話

(瑪麗和大衛在美國某商學院主修國際商務。為了進一步瞭解中國的商業發展，他們參加了在上海舉辦的"中國商務"暑期學習班。除了上課以外，學習班還經常安排學生去各商業機構參觀訪問。今天，王老師帶他們來到了華明國際貿易公司。)

王老師：　　我來介紹一下，這是來自美國的瑪麗和大衛。這是華明公司的張先生。

瑪麗和大衛：您好，張先生。

張先生：　　你們好。歡迎來華明公司參觀，我先來介紹一下公司的情況。我們公司是1997年成立的，主要經營國際貿易。成立以來，進出口貿易額年年增加，今年上半年就達到了六千萬美元。這是公司的簡介，有空你們可以看看。

瑪麗：　　　華明是國有公司吧？

張先生：　　不，我們是一家合資公司，正副董事長來自中日美三家公司。

王老師：　　隨着經濟改革，中國的企業體制也有所改變，現在除了國有企業以外，還有許多三資企業。

大衛：　　　三資是什麼意思？

王老師：　　就是外資、合資、獨資。華明就是三國合資建立的國際貿易公司。

張先生：　　我們公司是進出口都做，方式比較靈活，因此生意越做越大。我們先去參觀一下綜合業務部吧，這個部門的經營範圍比較廣。

王老師：　　好吧，如果有問題，我們可以邊走邊談。

二、课文

华明——多功能国际贸易公司

华明国际贸易公司是一多功能的中外合资贸易公司。华明不仅是您的贸易伙伴，还可以在技术及管理的市场开发和高科技的引进方面与您合作。

公司简介

- 名称：华明国际贸易公司
- 成立日期：1997年10月
- 注册资金：1250万美元
- 出资比例：中国大华集团50%，美国BH公司25%，日本山田会社25%
- 办公地址：上海东方商业中心35楼
- 电话：6454－8888
- 董事长：万林(中方)，副董事长：山田中本(日方)，Jack Smith(美方)

业务范围

- 出口商品的国内购买
- 进口商品的国内批发交易
- 技术的进出口贸易
- 进料加工
- 三来一补(来料加工、来件加工、来样加工、补偿贸易)

二、課文

華明——多功能國際貿易公司

華明國際貿易公司是一多功能的中外合資貿易公司。華明不僅是您的貿易夥伴，還可以在技術及管理的市場開發和高科技的引進方面與您合作。

公司簡介

- 名稱：華明國際貿易公司
- 成立日期：1997年10月
- 註冊資金：1250萬美元
- 出資比例：中國大華集團50％，美國BH公司50％，日本山田會社50％
- 辦公地址：上海東方商業中心35樓
- 電話：6454－8888
- 董事長：萬林(中方)，副董事長：山田中本(日方)，Jack Smith(美方)

業務範圍

- 出口商品的國內購買
- 進口商品的國內批發交易
- 技術的進出口貿易
- 進料加工
- 三來一補(來料加工、來件加工、來樣加工、補償貿易)

三、生词（生詞）

🖉 对话（對話）

1. 某	某	mǒ	A	a certain
2. 商学院	商學院	shāngxuéyuàn	N	business school
3. 主修	主修	zhǔxiū	V	major in
4. 商务	商務	shāngwù	N	business
5. 举办	舉辦	jǔbàn	V	hold, sponser
6. 暑期	暑期	shǔqī	A	summer
7. 机构	機構	jīgòu	N	institution, organization
8. 经营	經營	jīngyíng	V	engage in (business), deal in
9. 贸易	貿易	màoyì	N	trade
10. 进出口	進出口	jìnchūkǒu	N/V	import and export
11. 额	額	é	N	volume
12. 达到	達到	dádào	V	reach
13. 简介	簡介	jiǎnjiè	N	brief description
14. 国有	國有	guóyǒu	A	state-owned
15. 合资	合資	hézī	N	joint-venture
16. 董事长	董事長	dǒngshìzhǎng	N	chair of the board
17. 随着	隨着	suízhe	P	along with
18. 经济改革	經濟改革	jīngjì gǎigé	N	economic reform
19. 企业	企業	qǐyè	N	enterprise
20. 体制	體制	tǐzhì	N	system
21. 外资	外資	wàizī	N	foreign (funded)
22. 独资	獨資	dúzī	N	private (funded)
23. 方式	方式	fāngshì	N	method

24.	灵活	靈活	línghuó	A	flexible
25.	综合	綜合	zōnghé	A	comprehensive
26.	业务	業務	yèwù	N	business
27.	范围	範圍	fànwéi	N	range, scope
28.	广	廣	guǎng	A	extensive

✏ 课文 (課文)

29.	多功能	多功能	duō gōngnéng		multi-functional
30.	伙伴	夥伴	huǒbàn	N	partner
31.	技术	技術	jìshù	N	technology
32.	管理	管理	guǎnlǐ	N/V	management, manage
33.	市场	市場	shìchǎng	N	market
34.	开发	開發	kāifā	N/V	development, develop
35.	高科技	高科技	gāo kējì	N	high technology
36.	引进	引進	yǐnjìn	N/V	import
37.	注册	註冊	zhùcè	V	recorded, registered
38.	资金	資金	zī jīn	N	capital, fund
39.	比例	比例	bǐlì	N	proportion, ratio
40.	购买	購買	gòumǎi	V	purchase
41.	批发	批發	pīfā	V	wholesale
42.	交易	交易	jiāoyì	N	transaction
43.	进料	進料	jìn liào	N/VO	imported / import material
44.	加工	加工	jiāgōng	V	process
45.	件	件	jiàn	N	parts
46.	样	樣	yàng	N	sample
47.	补偿	補償	bǔcháng	N	compensation

四、语法练习 (語法練習)

一、某
a certain, some

某 goes before a noun or noun phrase. It is used when the speaker either does not know or does not want to convey the specific information.

Examples:

1. 对于他的情况我不太了解，只知道他以前在上海某银行工作过。

   對於他的情況我不太瞭解，只知道他以前在上海某銀行工作過。

   I don't know his background very well, only that he worked for a certain bank in Shanghai.

2. A：听说你们厂要跟外国公司合资了，是这样吗？
   B：可能是吧，我们正和美国某公司在商谈。

   A：聽說你們廠要跟外國公司合資了，是這樣嗎？
   B：可能是吧，我們正和美國某公司在商談。

   A： Is it true that your factory and a foreign company will become a joint venture?
   B： Maybe it's the case. We are in the middle of discussing it with a certain American company.

3. A：技术出口都要得到国家的批准吗？
   B：也不一定，但是某些敏感技术的出口需要得到国家的批准。

   A：技術出口都要得到國家的批准嗎？
   B：也不一定，但是某些敏感技術的出口需要得到國家的批准。

   A： Does the state have to approve all technology export?
   B： Not necessarily, but the export of some sensitive technology must be approved by the state.

4. 报上说，加入世界贸易组织 (WTO) 之后，某些电器的价格要下降。

   報上說，加入世界貿易組織 (WTO) 之後，某些電器的價格要下降。

   The newspaper says that after joining the WTO, the prices for some electrical appliances will drop.

→ **Determine whether 某 is used appropriately in the following situations:**

1. (在晚会上)

  张先生：您好，我姓张，您贵姓？

  王小姐：您好，姓王。我在工商银行工作，您呢？

  张先生：啊，我们是同行，我在本地某银行工作。

  (在晚會上)

  張先生：您好，我姓張，您貴姓？

  王小姐：您好，姓王。我在工商銀行工作，您呢？

  張先生：啊，我們是同行，我在本地某銀行工作。

2. (工作面谈)

  人事部职员：你能具体介绍一下你的工作经历吗？

  张先生：我在某公司工作过三年，现在正在某银行工作。

  (工作面談)

  人事部職員：你能具體介紹一下你的工作經歷嗎？

  張先生：我在某公司工作過三年，現在正在某銀行工作。

3. (在飞机上)

  乘客：您也去北京出差吗？

  张先生：不，回家，我家在北京。

  乘客：那，你是做什么工作的？

  张先生：我在某银行工作。

  (在飛機上)

  乘客：您也去北京出差嗎？

  張先生：不，回家，我家在北京。

  乘客：那，你是做什麼工作的？

  張先生：我在某銀行工作。

4. (读者来信)

   编辑先生：

   本人在市中心的某商场工作。近来发现，不少人居然在人行道上骑摩托车，直接影响到行人的安全。希望贵报提醒骑车人，不要违反交通规则。

   ——读者

   (讀者來信)

   編輯先生：

   本人在市中心的某商場工作。近來發現，不少人居然在人行道上騎摩托車，直接影響到行人的安全。希望貴報提醒騎車人，不要違反交通規則。

   ——讀者

二、为了
in order to, for, for the sake of

Examples:

1. 为了提高产品质量，公司决定进口先进的生产技术。

   為了提高產品質量，公司決定進口先進的生產技術。

   In order to improve the quality of the products, the company has decided to introduce some state-of-the-art production technology.

2. 这些美国学生为了了解中国的商业情况，参观了许多商业机构。

   這些美國學生為了瞭解中國的商業情況，參觀了許多商業機構。

   These American students visited many business institutions in order to understand business practice in China.

➔ **Practice the use of** 为了。**To achieve a goal or to solve a problem, what should be done?**

Example:

小王学了三年英文了，可是英文还说得不好，他应该怎么办？

为了提高口语，小王应该找机会多说英文。

小王學了三年英文了，可是英文還説得不好，他應該怎麼辦？

為了提高口語，小王應該找機會多説英文。

1. 这两年，我们公司的贸易额增长得不快。你有什么建议吗？

   這兩年，我們公司的貿易額增長得不快。你有甚麼建議嗎？

   _____

   _____

2. 她看了很多关于中国文化的书，可是觉得自己对中国文化还不够了解。她
   应该做什么？

   她看了很多關於中國文化的書，可是覺得自己對中國文化還不夠瞭
   解。她應該做甚麼？

   _____

   _____

3. 他们的孩子想去一所有名的中学念书，可是他们住得离那所中学很远，开
   车要两个小时才能到。他们可以做什么？

   他們的孩子想去一所有名的中學念書，可是他們住得離那所中學很
   遠，開車要兩個小時才能到。他們可以做甚麼？

   _____

   _____

4. 王小明大学毕业了，希望能找到一个理想的工作，他应该怎么办？

   王小明大學畢業了，希望能找到一個理想的工作，他應該怎麼辦？

   _____

   _____

三、随着
along with, in pace with, with

The 随着 phrase indicates that one event develops along with or keeping pace with another event.

Examples:

1. 随着经济改革，商业经营的方式灵活了。

   隨着經濟改革，商業經營的方式靈活了。

   With the economic reform, business practice has become more flexible.

2. 随着国有企业的改革，中国的就业情况也改变了。

   隨着國有企業的改革，中國的就業情況也改變了。

   Along with the reform of state enterprises, employment practice in China has changed.

3. 随着进口额的增加，我们需要扩大国内批发市场。

   隨着進口額的增加，我們需要擴大國內批發市場。

   With the import volume increasing, we need to expand the domestic wholesale market.

4. 随着城市人口的增多，交通出现了问题。

   隨着城市人口的增多，交通出現了問題。

   Along with the increase of urban population, traffic has become an issue.

→ **Combine each group of two events into one sentence by using 随着:**

1. 中国加入了WTO，中国的进出口贸易增加了。

   中國加入了WTO，中國的進出口貿易增加了。

   _____

2. 就业机会更灵活了，三资企业增加了。

   就業機會更靈活了，三資企業增加了。

   _____

3. 他能看懂中文报纸了，他的中文水平提高了。

   他能看懂中文報紙了，他的中文水平提高了。

   _____

4. 父母的年龄越来越大，父母也有越来越多的健康问题。

父母的年齡越來越大，父母也有越來越多的健康問題。

_____

_____

四、有所
to some extent, somewhat

有所 is usually used in written Chinese. In spoken Chinese, 有一点儿 or 有些 is used in place of 有所.

Examples:

1. 今年的出口额有所提高。

今年的出口額有所提高。

The export volume for this year has increased to some extent.

2. 最近几年，进料加工有所减少。

最近幾年，進料加工有所減少。

In recent years, processing with imported materials has somewhat decreased.

→ **Decide where to place 有所:**

1. 自从1999年 Ⓐ 成立以来，Ⓑ 这家公司的 Ⓒ 贸易额 Ⓓ 增加。

自從1999年 Ⓐ 成立以來，Ⓑ 這家公司的 Ⓒ 貿易額 Ⓓ 增加。

A　　　　**B**　　　　**C**　　　　**D**

2. 公司 Ⓐ 采取了 Ⓑ灵活的贸易方式，因此 Ⓒ国外市场 Ⓓ 增大。

公司 Ⓐ 採取了 Ⓑ靈活的貿易方式，因此 Ⓒ國外市場 Ⓓ 增大。

A　　　　**B**　　　　**C**　　　　**D**

3. 随着 Ⓐ 企业体制 Ⓑ 改革，Ⓒ 合资公司 Ⓓ 增加。

随着 Ⓐ 企業體制 Ⓑ 改革，Ⓒ 合資公司 Ⓓ 增加。

A　　　　**B**　　　　**C**　　　　**D**

4. 他去中国 Ⓐ 留学了一年以后，对 Ⓑ 中国文化 Ⓒ 了解 Ⓓ。

他去中國 Ⓐ 留學了一年以後，對 Ⓑ 中國文化 Ⓒ 瞭解 Ⓓ。

A　　　　**B**　　　　**C**　　　　**D**

五、综合练习

I. Based on the dialogue, decide if the following statements are true or false:

_____ 1. 玛丽和大卫正在上海学习"中国商务"。

_____ 2. "中国商务"学习班常常去商业机构参观。

_____ 3. 张先生是"中国商务"学习班的老师。

_____ 4. 华明公司主要经营出口贸易。

_____ 5. 华明公司以前是国有企业，随着企业体制的改变，成了合资企业。

_____ 6. 华明公司的贸易额年年增加六千万美元。

_____ 7. 华明公司的生意越做越大，主要因为正副董事长来自中日美三国。

_____ 8. 综合业务部是华明公司的一个部门。

II. Discuss the following questions based on the text:

1. 华明公司是什么时候成立的？

2. 华明公司是由哪三家公司合资成立的？

3. 哪家公司的出资比例最大？

4. 除了一般的商品进出口贸易以外，华明还采用哪些经营方式？

5. 为什么说华明是一家多功能贸易公司？

III. Based on the dialogue and the text, write down 5 words each related to international trade and to information on a company:

	外贸		公司
1		1	
2		2	
3		3	
4		4	
5		5	

IV. Look for information about a company (in any language you prefer). Organize the information to make a presentation in Chinese. The following table is to help you organize your presentation.

公司名字	
公司地址、电话	
公司资产额	
主要经营业务	
主要产品	
年营业额	
主要客户	
员工人数	
公司网址	
主要联系人	
其他资料 (other information)	

V. Listening Comprehension: (disc 1 track 04)

For script of the listening exercise, see Appendix A

1. 录音介绍的是什么公司？

_____

2. 录音主要介绍了哪方面的业务？

_____

3. Listen to the passage again and fill in the missing information:

上海市电信公司是中国电信集团公司的子公司，是_____年7月1日成立的。目前有_____多名员工。上海电信公司经营业务范围很广。我主要介绍他们的电话业务。他们提供上海地区的_____服务，国内、国际的长途电话，并可以安排_____。同时，上海电信还有电话卡业务，销售IP电信卡，并提供_____的电话语音服务。

六、补充练习

I. Read the web page for 宁波大海化纤织带厂 and an Email sent by Xiao Chen. You need to find out the discrepancies between the official information given by the web page and the non-official information given by the Email. Write 4 discrepancies in Chinese in the space provided:

The factory's web page:

宁波大海化纤织带厂

宁波大海化纤织带厂，建厂已有二十多年历史，专业生产各类装饰缎带。

"东海牌"缎带远销德国、日本、新加坡、美国、香港等地区。

公司主营业务：合成纤维，棉纺织原料，丝织物

公司经营模式：贸易型

公司法人代表：谢民

公司员工人数：879人

公司主要客户：东南亚，美国，德国，日本等

年营业额：人民币1000万元－5000万元

开户银行：宁波中行

帐号：018100270128

公司网址：http://www.nbdonghai.com/

生词：

1. 宁波	Níngbō	a city's name
2. 化纤	huàxiān	synthetic fiber
3. 织带	zhīdài	woven ribbon
4. 缎带	duàndài	silk ribbon
5. 装饰	zhuāngshì	decoration
6. 新加坡	Xīnjiāpō	Singapore
7. 香港	Xiānggǎng	Hong Kong

8.	合成纤维	héchéng xiānwéi	synthetic fiber
9.	棉纺织原料	mián fǎngzhī yuánliào	cotton textile materials
10.	丝织物	sī zhī wù	silk textile products

Xiao Chen's Email:

小王：你好！

听说你离开了华美公司，正在找一个新工作，找到了没有？

上次你问我关于宁波大海化纤织带厂的情况。据我所知，大海厂是一家大厂，听说有三千多个工人。他们主要生产化纤织带。大海厂的产品质量很好，有许多国家买他们的化纤织带，主要客户是法国和英国的航空公司。他们的业务成交额很大，每年有三四亿人民币。大海厂主要是生产型的。我想你的专业是制造管理，去那里工作不错。如果你想跟大海厂联系，我朋友认识那个厂的法人代表，他也姓王。

祝你早日找到理想的工作！

小陈

☞ **Write 4 discrepancies in the space provided below:**

1. _____
   _____
2. _____
   _____
3. _____
   _____
4. _____
   _____

II. Read the following web page. Fill in the fact sheet for the company, and make a short presentation based on the fact sheet:

The company's web page:

天津大华车业有限公司

公司介绍

　　本公司系"健""STRONG"牌自行车专业制造公司。拥有先进的架子组装生产线，年产能为30万辆，可向国内外客户供应20寸、22寸、24寸、27寸山地型、城市型等多种款式中、高档自行车。公司已通过ISO9001质量证。

业务资料

公司主营业务：	自行车
公司经营模式：	生产型
公司法人代表：	张华生
公司员工人数：	485人
公司主要客户：	自行车销售
年营业额：	人民币1000万元／年—5000万元／年
开户银行：	中行天津东丽分行
公司网址：	http://www.strongbicycle.com

联系资料

地址：	中国天津东丽区朱庄村
电话：	86-22-84791077, 86-22-84790075
传真：	86-22-84790386
电子邮件：	请与我们联系

☞ **Fill the fact sheet with information that you deem important (the questions are to help you search for information. You may skip some questions if you do not think the information is important).**

☞ **Then make a short presentation of the company based on the fact sheet you have compiled.**

公司名称	
年营业额	
主要经营业务	
主要产品	
主要客户	
其他资料	

第 2 课

国际贸易

二○○三年，中国的进出口总额达 8,512 亿美元，成为世界第4大国际贸易国（美国、日本、欧盟），而在改革初期，中国在国际贸易中的位次是世界第32位。中国最大的贸易伙伴是美国、香港地区、欧盟、日本、东盟、韩国和俄罗斯。

本课对话介绍了不同的国际贸易方式。课文简述了出口交易的程序。本课将帮助学生对国际贸易的惯例有一大致了解。

In 2003, China's import and export volume reached $851.2 billion US dollars. It became the fourth largest trading nation in the world (after the US, Japan, and EU). China ranked number 32 in international trade at the end of the 1970's when it started its economic reform. The major trade partners of China are the US, Hong Kong, EU, Japan, ASEAN (Association of Southeast Asian Nations), South Korea and Russia.

The dialogue in this chapter discusses different modes of international trade. The text briefly describes the procedure of an export transaction. The chapter is to help learners develop a general understanding of the common practice in international trade.

上图：上海的商业区
Photo: Commercial centre in Shanghai

一、对话

(张先生陪同学习班的师生来到综合业务部,把他们介绍给该部的陈经理。)

张先生:老陈,我把这些客人交给你了,你向他们介绍一下你们部门的情况吧。

陈经理:行,你忙去吧。

陈经理:一看综合贸易部的名字大家就知道,我们不但经营范围广,而且产品多。简单来说,我们用代理、自营、转口贸易的方式,经营各种技术、服务、商品的进出口。同时,我们也承办来料加工,来样加工,来件加工,并且可以接受海内外企业的委托,作为他们在国际和国内市场上的销售代理。

玛丽: 您提到了代理、自营、转口三种贸易方式,我不太清楚。能举例说明吗?

陈经理:当然可以。我们能代理海内外企业,办理进出口手续,签订、执行进出口合同,这是代理贸易。做代理贸易,商品的所有权不属于我们,进出口交易的盈亏也跟我们公司无关,我们只收取代理费。自营贸易就不同了,我们可以根据对市场的判断,购销商品,商品的所有权属于我们,我们需要承担所有的风险和盈亏。至于转口贸易,简单来说,就是一个国家从另一个国家进口,然后又出口到第三国去。

大卫: 国际贸易的手续很复杂吗?

陈经理:每笔生意的情况不同,但是也有一定的规律。拿进出口来说,一笔生意的成交一般要经过三个阶段:准备阶段、协商和签订合同阶段、以及履行合同阶段。在第一阶段,要了解国际市场的需求,买卖双方建立业务关系。在第二阶段,双方商定贸易条件,并签订书面合同。在第三阶段,双方要履行合同。如果你们有兴趣,可以看一下出口业务程序图,就会对交易的过程比较清楚了。

玛丽：　　中国在2001年加入了世界贸易组织，这对你们的进出口业务有什么
　　　　　影响？

陈经理：世贸一直促进贸易自由化，减少贸易保护主义。这非常有利于我们
　　　　　的业务发展。我们希望今年的贸易额能超过去年的。

大卫：　　祝你们成功！

陈经理：谢谢。

一、對話

（張先生陪同學習班的師生來到綜合業務部，把他們介紹給該部的陳經理。）

張先生：老陳，我把這些客人交給你了，你向他們介紹一下你們部門的情況吧。

陳經理：行，你忙去吧。

陳經理：一看綜合貿易部的名字大家就知道，我們不但經營範圍廣，而且產品多。簡單來說，我們用代理、自營、轉口貿易的方式，經營各種技術、服務、商品的進出口。同時，我們也承辦來料加工，來樣加工，來件加工，並且可以接受海內外企業的委託，作為他們在國際和國內市場上的銷售代理。

瑪麗：　您提到了代理、自營、轉口三種貿易方式，我不太清楚。能舉例說明嗎？

陳經理：當然可以。我們能代理海內外企業，辦理進出口手續，簽訂、執行進出口合同，這是代理貿易。做代理貿易，商品的所有權不屬於我們，進出口交易的盈虧也跟我們公司無關，我們只收取代理費。自營貿易就不同了，我們可以根據對市場的判斷，購銷商品，商品的所有權屬於我們，我們需要承擔所有的風險和盈虧。至於轉口貿易，簡單來說，就是一個國家從另一個國家進口，然後又出口到第三國去。

大衛：　國際貿易的手續很複雜嗎？

陳經理：每筆生意的情況不同，但是也有一定的規律。拿進出口來說，一筆生意的成交一般要經過三個階段：準備階段、協商和簽訂合同階段、以及履行合同階段。在第一階段，要瞭解國際市場的需求，買賣雙方建立業務關係。在第二階段，雙方商定貿易條件，並簽訂書面合同。在第三階段，雙方要履行合同。如果

你們有興趣，可以看一下出口業務程序圖，就會對交易的過程
比較清楚了。

瑪麗：　中國在2001年加入了世界貿易組織，這對你們的進出口業務有
　　　　甚麼影響？

陳經理：世貿一直促進貿易自由化，減少貿易保護主義。這非常有利於
　　　　我們的業務發展。我們希望今年的貿易額能超過去年的。

大衛：　祝你們成功！

陳經理：謝謝。

二、课文

出口业务程序图

对国际市场的调查研究	交易前的准备阶段
制定商品经营计划 (市场、客户、贸易方式、广告、货源、价格、其他交易条件……)	
与客户联系建立业务关系	
发盘 (询盘、还盘)	
接受价格和其他交易条件 (合同成立)	交易磋商与签订合同阶段
签订书面合同	
备货	
催开信用证、国外来证、审证	履行合同阶段
托运	
租船、订舱	
商品检验、报关、投保、装船等	
制单、结汇	
索赔、理赔、处理争议 (如果合同没有得到履行)	

二、課文

出口業務程序圖

對國際市場的調查研究	交易前的準備階段
制定商品經營計劃 (市場、客戶、貿易方式、廣告、貨源、價格、其他交易條件……)	
與客戶聯繫建立業務關係	
發盤 (詢盤、還盤)	
接受價格和其他交易條件 (合同成立)	交易磋商與簽訂合同階段
簽訂書面合同	
備貨	
催開信用證、國外來證、審證	履行合同階段
托運	
租船、訂艙	
商品檢驗、報關、投保、裝船等	
製單、結匯	
索賠、理賠、處理爭議 (如果合同沒有得到履行)	

三、生词(生詞)

✐ 对话(對話)

1.	陪同	陪同	péitóng	V	accompany
2.	代理	代理	dàilǐ	N	agent
3.	自营	自營	zìyíng	V	self manage, direct manage
4.	转口	轉口	zhuǎnkǒu	N/V	transit
5.	承办	承辦	chéngbàn	V	undertake
6.	委托	委託	wěituō	N/V	entrust, trust
7.	销售	銷售	xiāoshòu	N/V	sale, sell
8.	举例	舉例	jǔlì	VO	give an example
9.	办理	辦理	bànlǐ	V	transact, handle
10.	签订	簽訂	qiāndìng	V	sign
11.	执行	執行	zhíxíng	V	implement
12.	所有权	所有權	suǒyǒuquán	N	ownership
13.	属于	屬於	shǔyú	V	belong to
14.	盈亏	盈虧	yíngkuī	N	profit and loss
15.	收取	收取	shōuqǔ	V	charge (a fee)
16.	判断	判斷	pànduàn	N/V	judgment, judge, estimate
17.	购销	購銷	gòuxiāo	V	buy and sell
18.	风险	風險	fēngxiǎn	N	risk
19.	复杂	複雜	fùzá	A	complicated
20.	规律	規律	guīlǜ	N	rule
21.	成交	成交	chéngjiāo	N/VO	conclude a deal
22.	协商	協商	xiéshāng	N/V	negotiation, negotiate
23.	合同	合同	hétóng	N	contract

24.	履行	履行	lǚxíng	V	implement, execute
25.	程序	程序	chéngxù	N	procedure, process
26.	组织	組織	zǔzhī	N	organization
27.	自由化	自由化	zìyóuhuà	N	free
28.	保护主义	保護主義	bǎohù zhǔyì	N	protectionism
29.	有利于	有利於	yǒulìyú	V	be beneficial to

🖊 课文 (課文)

30.	调查	調查	diàochá	N/V	investigation, investigate, research
31.	制定	制定	zhìdìng	V	formulate, make
32.	广告	廣告	guǎnggào	N	advertisement
33.	货源	貨源	huòyuán	N	supply of goods
34.	发盘	發盤	fā pán	N/VO	offer, bid
35.	询盘	詢盤	xúnpán	N/VO	inquiry, inquire
36.	还盘	還盤	huán pán	N/VO	counter offer, counter bid
37.	磋商	磋商	cuōshāng	V	exchange views, negotiate
38.	催	催	cuī	V	urge, press
39.	信用证	信用證	xìnyòngzhèng	N	Letter of Credit
40.	审	審	shěn	V	examine
41.	托运	托運	tuōyùn	V	consign for shipment
42.	订舱	訂艙	dìng cāng	VO	reserve shipping compartment
43.	检验	檢驗	jiǎnyàn	N/V	inspection, inspect
44.	报关	報關	bào guān	VO	clear the customs
45.	投保	投保	tóu bǎo	VO	purchase insurance
46.	装船	裝船	zhuāng chuán	VO	load the shipment

47.	制单	製單	zhì dān	VO	prepare documents
48.	结汇	結匯	jiéhuì	VO	settle by money transfer
49.	索赔	索賠	suǒpéi	VO	claim, make a claim
50.	理赔	理賠	lǐpéi	VO	resolve a claim
51.	争议	爭議	zhēngyì	N	dispute

四、语法练习 (語法練習)

一、根据
according to

根据 is a proposition, having the meaning of according to, in line with, on the basis of.

Examples:

1. 根据对国际市场的调查研究，我们最后制定了出口计划。

   根據對國際市場的調查研究，我們最後制定了出口計劃。

   Based on international market research, we have finalized the export plan.

2. 根据磋商，由买方投保。

   根據磋商，由買方投保。

   In line with the negotiation, the buyer is to purchase the insurance.

3. 根据合同，买方必须在六月中开出信用证。

   根據合同，買方必須在六月中開出信用證。

   According to the contract, the buyer must open a Letter of Credit by mid-June.

4. 根据商品检验的报告，这些商品在装运前没有质量问题。

   根據商品檢驗的報告，這些商品在裝運前沒有質量問題。

   According to the commodity inspection report, the quality of the commodities was good before shipment.

→ **Complete the following sentences, by incorporating the words given:**

1. 根据合同，＿＿＿＿＿＿＿＿＿＿＿＿＿＿＿＿＿＿ (代理、企业、办理)

   根據合同，＿＿＿＿＿＿＿＿＿＿＿＿＿＿＿＿＿＿ (代理、企業、辦理)

2. 根据市场调查，＿＿＿＿＿＿＿＿＿＿＿＿＿＿＿＿ (产品、销售)

   根據市場調查，＿＿＿＿＿＿＿＿＿＿＿＿＿＿＿＿ (產品、銷售)

3. 根据你方的还盘，_____ (价格)

　　根據你方的還盤，_____ (價格)

4. 根据他的介绍，_____ (公司、经营)

　　根據他的介紹，_____ (公司、經營)

二、至于
as to, as for

至于 introduces a topic. Its function is first to draw attention to the topic, and then to make a comment.

Examples:

1. 至于世贸的作用，根据世界经济的发展也有所改变。

　　至於世貿的作用，根據世界經濟的發展也有所改變。

　　As for the role of the WTO, it also changes in line with the development of the world economy.

2. 至于交易的盈亏，总是存在一定的风险。

　　至於交易的盈虧，總是存在一定的風險。

　　As for the gains or losses of a deal, a certain risk always exists.

→ **Based on the following text, make three sentences with 至于 to draw attention to three topics:**

　　在交易的准备阶段，要制定商品的经营计划。经营计划有很多方面。一是要根据对国外市场的调查研究，选择市场和客户。二是为了把商品出口到国外，需要建立客户关系和销售网。三是应该做一定的广告，让客户了解商品。四是要决定销售价格和交易条件。价格应该根据国际市场的情况、以及出口商品盈亏率、汇率等来决定。交易条件包括不同的交货条件，不同的支付方式等等。

　　在交易的準備階段，要制定商品的經營計劃。經營計劃有很多方面。一是要根據對國外市場的調查研究，選擇市場和客戶。二是為了把商品出口到國外，需要建立客戶關係和銷售網。三是應該做一定的廣告，讓客戶瞭解商品。四是要決定銷售價格和交易條件。價格應該根據國際市場的情況、以及出口商品盈虧率、匯率等來決定。交易條件包括不同的交貨條件，不同的支付方式等等。

Example:

至于在交易的准备阶段，需要制定商品的经营计划。

至於在交易的準備階段，需要制定商品的經營計劃。

1. _____
   _____

2. _____
   _____

3. _____
   _____

> 三、拿……来说
> **speaking of, as far as ... is concerned**

This pattern is used to introduce a topic. It is not as formal as 至于.

Examples:

1. 拿业务范围来说，我们经营的产品很多。

   拿業務範圍來說，我們經營的產品很多。

   Speaking of the scope of business, we deal in many products.

2. 拿国际贸易的方式来说，近几年越来越灵活了。

   拿國際貿易的方式來說，近幾年越來越靈活了。

   As far as the international trade practice is concerned, it has become more flexible in recent years.

➜ **Complete the following sentences:**

1. 拿综合贸易部来说，_____

   拿綜合貿易部來說，_____

2. 拿转口贸易来说，＿＿＿＿＿＿＿＿＿＿＿＿＿＿＿＿＿＿

　　拿轉口貿易來說，＿＿＿＿＿＿＿＿＿＿＿＿＿＿＿＿＿＿

3. 拿产品来说，＿＿＿＿＿＿＿＿＿＿＿＿＿＿＿＿＿＿＿＿＿

　　拿產品來說，＿＿＿＿＿＿＿＿＿＿＿＿＿＿＿＿＿＿＿＿＿

4. 拿营业额来说，＿＿＿＿＿＿＿＿＿＿＿＿＿＿＿＿＿＿＿＿

　　拿營業額來說，＿＿＿＿＿＿＿＿＿＿＿＿＿＿＿＿＿＿＿＿

四、以及
and, along with, as well as

Examples:

1. 我们接受来料加工，来件加工，以及来样加工。

　　我們接受來料加工，來件加工，以及來樣加工。

　　We accept (orders of) processing with provided materials, with provided parts, and with provided sample.

2. 我们的主要市场是北美、南美以及大洋洲。

　　我們的主要市場是北美、南美以及大洋洲。

　　Our major markets are North America, South America, and Oceanic.

3. 拿资金来说，来自美国、中国、日本以及韩国。

　　拿資金來說，來自美國、中國、日本以及韓國。

　　As far as the fund is concerned, it comes from the US, China, Japan, and Korea.

4. 在履行合同阶段，需要检验商品、报关以及投保。

　　在履行合同階段，需要檢驗商品、報關以及投保。

　　During the period of implementing the contract, commodity inspection, customs clearance, and obtaining commodity insurance are needed.

五、有利于
be beneficial to, be advantageous to

Examples:

1. 减少贸易保护主义有利于促进自由贸易。

   減少貿易保護主義有利於促進自由貿易。

   Lessening trade protectionism contributes to free trade.

2. 经济改革的政策有利于经济发展。

   經濟改革的政策有利於經濟發展。

   The policy of economic reform is beneficial to economic development.

→ **Answer the following questions:**

1. 国际贸易有利于一个国家的经济发展吗？

   國際貿易有利於一個國家的經濟發展嗎？

   _____

2. 死板的贸易方式有利于进出口交易吗？

   死板的貿易方式有利於進出口交易嗎？

   _____

3. 了解一个国家的文化有利于在那个国家打开市场吗？

   瞭解一個國家的文化有利於在那個國家打開市場嗎？

   _____

4. 有哪些因素有利于一个人去国外做生意？

   有哪些因素有利於一個人去國外做生意？

   _____

五、综合练习

I. Based on the dialogue, decide if the following statements are true or false:

_____ 1. 综合贸易部只经营商品的进出口。

_____ 2. 综合贸易部用代理、自营、转口贸易的方式经营进出口。

_____ 3. 代理贸易的意思是商品的所有权属于外贸公司。

_____ 4. 自营贸易的意思是商品的所有权属于外贸公司。

_____ 5. 转口贸易的意思是一笔交易中有多于两个国家参加。

_____ 6. 交易的盈亏总是跟外贸公司无关。

_____ 7. 虽然每笔进出口生意的情况不同，但是也有一定的规律。

_____ 8. 一般来说，进出口交易要经过三个阶段。

_____ 9. 陈经理认为，进出口交易中最重要的阶段是履行合同阶段。

_____ 10. 陈经理认为，中国加入世界贸易组织有利于他们公司的业务发展。

II. Use Chinese to explain the meaning of the following words or phrases:

1. 代理贸易 _____

2. 自营贸易 _____

3. 转口贸易 _____

4. 交易的盈亏 _____

5. 出口的手续 _____

6. 自由贸易 _____

7. 销售代理 _____

8. 代理费 _____

9. 业务程序 _____

10. 商品的所有权 _____

11. 购销 _____

12. 发盘 _____

13. 还盘 _____

14. 交易条件 _____

15. 磋商 _____

16. 履行合同 _____

17. 结汇 _____

18. 理赔 _____

III. Use the information given in the dialogue and the text to complete the following sentences:

1. 世贸组织一直促进_____

2. 中国加入了世贸组织有利于_____

3. 除了经营进出口业务以外，公司也承办_____

4. 因为商品的所有权不属于我们公司，所以_____

5. 自营贸易需要判断_____

6. 在交易的准备阶段，要制定_____

7. 当双方接受了价格和交易条件以后，他们就_____

8. 在进出口交易中用的一种支付方法是_____

9. 检验商品、报关、托运、投保等等都是_____

10. 如果交易的一方发现另一方没有履行合同，可以_____
_____

IV. Based on the text (the chart for export procedure), fill in the missing information. Then make a short presentation in small groups, describing what needs to be done at each stage.

出口业务程序图

第一阶段：交易前的准备阶段：
1. 调查国际市场
2. _____
3. _____
4. 发盘（询盘、还盘）

第二阶段：交易磋商与签订合同阶段

1. 接受价格和其他交易条件

2. _____

3. _____

第三阶段：履行合同阶段

1. 信用证

2. _____

3. _____

4. 商品检验、报关、投保、装船等

5. _____

6. (如果合同履行得不好)，_____

V. Translate the following paragraphs into English:

1.　　　早在十九世纪，在国际贸易中就已经开始使用贸易条件。随着国际贸易的发展并经过长期实践，逐步形成了一系列贸易条件。为了使各国对各种贸易条件有相同的解释，国际上一些商业团体和学术机构做出了有关贸易条件的解释和规则。这些解释和规则已经为多数国家承认并采用，从而成为国际贸易惯例。目前有较大影响的国际惯例有三种：《1932年华沙——牛津规则》(*Warsaw-Oxford Rules*, 1932)；《1941年美国对外贸易定义修正本》(*Revised American Foreign Trade Definitions*, 1941)；以及《1980年贸易条件解释国际规则》(*International Rules for the Interpretation of Trade Terms*, 1980)。

_____

_____

_____

_____

_____

_____

2.　　　发盘是买卖双方中的一方 (发盘人) 向对方 (受盘人) 提出各项交易条件。发盘可以由卖方提出，也可以由买方提出。受盘人接受发盘之后，合同就成立了。

_____

_____

_____

_____

_____

_____

VI. Listening Comprehension: (disc 1 [disc] track 08)

For script of the listening exercise, see Appendix A

1. What part of a business transaction was this conversation about?

_____

_____

2. What was the original shipment date?

_____

_____

3. Did Miss Zhang want to move ahead or postpone the shipment date?

_____

_____

4. Why did Miss Zhang want to change the shipment date?

_____

_____

5. Did Mr. Chen agree to change the shipment date?

_____

_____

六、补充练习

I. Read the following article and answer the comprehension questions:

商务部公布2002年我国出口额最大的200家企业和
进出口额最大的500家企业名单

商务部新闻办公室

2003－06－17

商务部今天公布了2002年中国出口额最大的200家企业和进出口额最大的500家企业名单。

2002年全国出口额最大的200家企业和进出口额最大的500家企业排名反映出以下特点：

一、入选标准大幅提高。2002年出口额最大的200家企业的最低入选标准由上年的14,082万美元提高到17,172万美元，增加3,090万美元；平均出口规模由40,170万美元提高到48,088万美元，增加了7,918万美元。进出口额最大的500家企业的最低入选标准由上年的11,413万美元提高到14,181万美元，增加2,768万美元，平均进出口规模由43,180万美元提高到51,431万美元，增加8,251万美元。这说明了中国外经贸企业规模和实力的整体提升。

二、电子信息类企业排名提升较快。新入围或排名位次上升较快的企业，以电子信息类企业居多。出口额最大的200家中，超过三分之一的企业为电子信息类企业；前20名中，有一半为电子信息类企业。

三、外商投资企业比重增加。与上年相比，2002年有45家新企业进入出口额最大的200家行列，其中外商投资企业29家，占新增企业数的64.4%；在进出口额最大的500家中，有109家为新入围企业，其中外商投资企业占了66家，占60.6%。

四、入围企业主要集中于东部沿海地区。出口额最大的200家企业中，东部地区企业有159家，占79.5%；中西部地区7家，占3.5%；中央企业34家，占17%。进入进出口额最大的500家的东部地区企业有412家，占

82.4%，中西部地区31家，占6.2%；中央企业57家，占11.4%。

　　本次排名以海关进出口统计数据为依据，参加排名的企业是具有进出口经营权的总公司，不仅包括总公司本部进出口额，而且也包括控股50%以上 (不含50%) 的子公司的进出口额。

生词：

1.	商业部	shāngyèbù	Ministry of Commerce
2.	公布	gōngbù	announce, publish
3.	名单	míngdān	list
4.	排名	páimíng	ranking
5.	反映	fǎnyìng	reflect
6.	入选	rùxuǎn	be selected
7.	标准	biāozhǔn	standard, criterion
8.	大幅	dàfú	greatly
9.	规模	guīmó	range, extent
10.	实力	shílì	(real) strength
11.	整体	zhěngtǐ	as a whole
12.	提升	tíshēng	rise
13.	信息	xìnxī	information
14.	入围	rùwéi	included on a list
15.	居	jū	be (in a position), occupy (a place)
16.	投资	tóuzī	invest, investment
17.	比重	bǐzhòng	proportion
18.	行列	hángliè	ranks
19.	集中	jízhōng	concentrate
20.	沿海	yánhǎi	coastal
21.	统计	tǒngjì	statistics

22. 数据	shùjù	data
23. 依据	yījù	basis
24. 控股	kònggǔ	stock share

☞ **Comprehension Questions:**

1. 商业部根据什么数据排出出口额最大的200家企业和进口额最大的500家企业？

   _____

   _____

2. 企业入选标准的大幅提高反映了什么情况？

   _____

   _____

3. 入选的企业以哪类企业为主？

   _____

   _____

4. 入选的企业都是外资投资企业吗？

   _____

   _____

5. 入选的企业主要在什么地区？

   _____

   _____

II. Read the article and choose the correct answer:

今年1－5月我国高新技术产品出口保持稳定增长
商务部新闻办公室
2003－06－12

据海关统计，1－5月我国高新技术产品进出口总额778.9亿美元，同比增长51.1%。其中，进口421.37亿美元，出口357.53亿美元，分别同比增长

48.1％和55.1％，比全国外贸进口和出口增速高出2.6个百分点和20.8个百分点，占全国外贸进口和出口总额的27.45％和22.94％。全国高新技术产品出口增幅已经连续4年保持在30％以上。

我国高新技术产品50％以上的出口市场集中在美国、欧盟、日本等发达国家和地区，其中计算机和通信产品占95％，以加工贸易方式出口的产品达到近90％。主要出口企业是外商投资企业，此外，今年以来，私营企业出口高新技术产品增长近3倍。

我国从90年代中期加速发展高新技术产业，在满足国内市场需求的同时，以电子信息产品为代表的高新技术产品迅速走向国际市场。据海关统计，2002年高新技术产品出口首次超过纺织服装产品，成为我国第二大类出口产品，高新技术产品出口正成为我国国民经济发展与外贸出口的新亮点。

生词：

1.	保持	bǎochí	keep, maintain
2.	稳定	wěndìng	steady
3.	增幅	zēngfú	increase (range)
4.	连续	liánxù	continuously
5.	欧盟	Ōu Méng	European Union
6.	发达	fādá	developed
7.	计算机	jìsuànjī	computer
8.	通信	tōngxìn	communication
9.	私营	sīyíng	privately owned
10.	满足	mǎnzú	satisfy
11.	需求	xūqiú	demand
12.	迅速	xùnsù	rapidly, fast
13.	纺织	fǎngzhī	textile
14.	服装	fúzhuāng	clothing, garment
15.	国民经济	guómín jīngjì	national economy
16.	亮点	liàngdiǎn	spotlight

☞ **Based on the text, choose the correct answer:**

1. 1－5月中国的高新技术产品

    A. 进口总额同比增长了50%以上。

    B. 出口总额同比增长了50%以上。

    C. 进出口总额同比增长了50%以上。

    D. 进口总额和出口总额同比分别增长了50%以上。   _____

2. 文章说：

    A. 中国的高新技术产品出口在过去的4年里，每年增长30%以上。

    B. 中国的高新技术产品出口4年以来一共增长了30%以上。

    C. 中国的高新技术产品出口4年以前增长了30%以上。

    D. 中国的高新技术产品出口每年增长30%以上。   _____

3. 中国的高新技术产品出口有以下的特点：

    A. 中国的高新技术产品出口以加工贸易方式为主。

    B. 中国的高新技术产品出口市场以发达国家为主。

    C. 中国的高新技术出口企业以外资投资企业为主。

    D. A、B、C均正确。   _____

4. 中国电子信息产品

    A. 满足了国内外市场的需求。

    B. 走向了国际市场。

    C. 2002年是中国最大的出口产品。

    D. 是国际电信产品市场的新亮点。   _____

第 **3** 课

促销和广告

广告是商业竞争的必要手段。当前市场竞争非常激烈，所以中国企业越来越多地运用广告来扩大市场，并越来越讲究市场学策略。据有关统计数据，2004年中国广告的营业额首次超过了1000亿元。这是中国广告史上的里程碑。中国广告市场在未来的10年里有希望成为全球最大的广告市场之一。

本课的对话和课文都围绕一个促销活动。通过这一活动，介绍了不同的市场促销策略。

Advertisement is necessary in business competition. Because of the fierce competition in the market place, Chinese enterprises are increasingly using advertisement to expand their business. They are also paying more attention to marketing strategy. According to statistics, China's advertisement volume in 2004 surpassed RMB100 billion for the first time. This was a landmark in the history of China's advertisement industry. In the next ten years, China's advertisement business is expected to become one of the largest in the world.

Both the dialogue and the text in this chapter are based on a sales event. With the event as an example, the chapter explains various marketing strategies.

上图：上海的街头广告牌
Photo: Outdoor advertising in Shanghai

一、对话

玛丽：　大卫，我收到一张中国国际航空公司发来的通知，他们正同国际商业机器中国有限公司在上海联合举办个人电脑促销活动，我们去展示中心看一看吧。

大卫：　我又不打算买电脑，有什么可看的？

玛丽：　可以去看看中国公司是怎么搞促销的。

大卫：　好吧。

（在电脑展示中心）

玛丽：　小姐，能不能给我们介绍一下你们这次促销活动的优惠计划？

业务员：我们这次促销活动是和中国国际航空公司联合举办的。在促销期内，不但各种类型的个人电脑价格优惠，而且还奖励飞行里程。

大卫：　你们奖励的里程是不是只能坐中国国际航空公司的飞机？

业务员：不。你们可以用中国国际航空公司的里程兑换美国西北航空公司及其它航空公司的里程。

玛丽：　你们这次促销的机型有哪几种？

业务员：这是促销机型和优惠内容简介。请你们先看看。

大卫：　小姐，我还有个问题想请教一下，电脑公司促销电脑是可以理解的，但是航空公司和促销电脑有什么关系呢？

业务员：这是因为我们做了一定的市场调查，发现目前购买个人电脑的主要是一些教育水平和经济收入都比较高的中青年，而搭乘飞机旅行的也以这些人为主。因此我们认为在这样一个人口群体中开展促销活动，会相对有效。

大卫：　这么说，你们是有针对性地开展促销。除了办促销会以外，中国公司还用其他方法促销吗？

业务员：那当然。比如在电视上、报刊上做广告，向居民邮寄销售海报。商
　　　　店也经常开展大联展、大酬宾等销售活动，利用减价、特价等方式
　　　　吸引顾客。有些商店还印发了优待券，顾客用优待券买东西就可以
　　　　便宜一些。此外，为了鼓励消费，一些商家还设立了不同的礼券计
　　　　划，如消费一百元，可得十元礼券等等。

玛丽：　听上去跟美国的促销方法差不多。看来促销也全球化了。

一、對話

瑪麗： 大衛，我收到一張中國國際航空公司發來的通知，他們正同國際商業機器中國有限公司在上海聯合舉辦個人電腦促銷活動，我們去展示中心看一看吧。

大衛： 我又不打算買電腦，有甚麼可看的？

瑪麗： 可以去看看中國公司是怎麼搞促銷的。

大衛： 好吧。

（在電腦展示中心）

瑪麗： 小姐，能不能給我們介紹一下你們這次促銷活動的優惠計劃？

業務員：我們這次促銷活動是和中國國際航空公司聯合舉辦的。在促銷期內，不但各種類型的個人電腦價格優惠，而且還獎勵飛行里程。

大衛： 你們獎勵的里程是不是只能坐中國國際航空公司的飛機？

業務員：不。你們可以用中國國際航空公司的里程兌換美國西北航空公司及其它航空公司的里程。

瑪麗： 你們這次促銷的機型有哪幾種？

業務員：這是促銷機型和優惠內容簡介。請你們先看看。

大衛： 小姐，我還有個問題想請教一下，電腦公司促銷電腦是可以理解的，但是航空公司和促銷電腦有甚麼關係呢？

業務員：這是因為我們做了一定的市場調查，發現目前購買個人電腦的主要是一些教育水平和經濟收入都比較高的中青年，而搭乘飛機旅行的也以這些人為主。因此我們認為在這樣一個人口群體中開展促銷活動，會相對有效。

大衛：　　這麼說，你們是有針對性地開展促銷。除了辦促銷會以外，
　　　　　中國公司還用其他方法促銷嗎？

業務員：那當然。比如在電視上、報刊上做廣告，向居民郵寄銷售海
　　　　　報。商店也經常開展大聯展大酬賓等銷售活動，利用減價特價
　　　　　等方式吸引顧客。有些商店還印發了優待券，顧客用優待券買
　　　　　東西就可以便宜一些。此外，為了鼓勵消費，一些商家還設立
　　　　　了不同的禮券計劃，如消費一百元，可得十元禮券等等。

瑪麗：　　聽上去跟美國的促銷方法差不多。看來促銷也全球化了。

二、课文

中国国际航空公司和国际商业机器中国有限公司

2002年产量月联合促销活动

从2002年3月20日－2002年5月15日，由IBM中国有限公司为中国国际航空公司"国航知音"会员提供个人电脑特别优惠的里程奖励计划。

促销机型及优惠内容简介（限量销售）：

1. NetVista 1 A22P 2259C1C

（P4 1.6G/128M/40GB/DVD/15"/56KM/32M/WinXP/10-100M网卡）

建 议 价：9188人民币

奖励里程：4000公里

2. NetVista X41 2283 54C

（P4 1.6G/128M/40GB/CDRM/DVD组合驱动/10-100M网卡/56K/16M/

WinXP home）

建 议 价：16688人民币

奖励里程：10000公里

服务：提供市区内免费送货上门。偏远地区需要适当收费，其他城市，
　　　请认真填写地址，IBM将与您协商解决送货问题。

购买条件：所有国航俱乐部会员凭"知音卡"才能享受上述产品之特别优
　　　　　惠里程奖励。

购买程序：1）在指定样机展示中心直接填写定单；

　　　　　2）登陆IBM网页（http://www.pc.ibm/cn/Airchina）在线递交
　　　　　　　定单；

　　　　　3）拨打免费销售热线电话（800-810-1818转5058）订购。

二、課文

中國國際航空公司和國際商業機器中國有限公司

2002年產量月聯合促銷活動

　　從2002年3月20日－2002年5月15日，由IBM中國有限公司為中國國際航空公司"國航知音"會員提供個人電腦特別優惠的里程獎勵計劃。

　　促銷機型及優惠內容簡介(限量銷售)：

1. NetVista 1 A22P 2259C1C

（P4 1.6G/128M/40GB/DVD/15"/56KM/32M/WinXP/10-100M网卡）

建　議　價：9188人民幣

獎勵里程：4000公里

2. NetVista X41 2283 54C

（P4 1.6G/128M/40GB/CDRM/DVD组合驱动/10-100M网卡/56K/16M/WinXP home）

建　議　價：16688人民幣

獎勵里程：10000公里

3. 服務：提供市區內免費送貨上門。偏遠地區需要適當收費，其他城市，請認真填寫地址，IBM將與您協商解決送貨問題。

購買條件：所有國航俱樂部會員憑"知音卡"才能享受上述產品之特別優惠里程獎勵。

購買程序：1) 在指定樣機展示中心直接填寫定單；

　　　　　2) 登陸IBM網頁 (http://www.pc.ibm/cn/Airchina)在線遞交定單；

　　　　　3) 撥打免費銷售熱線電話 (800-810-1818轉5058) 訂購。

三、生詞(生词)

对话(對話)

1.	促销	促銷	cùxiāo	N/V	sales, promote sales
2.	航空公司	航空公司	hángkōng gōngsī	N	airline
3.	通知	通知	tōngzhī	N/V	notice, announcement, announce
4.	联合	聯合	liánhé	Ad	jointly
5.	展示	展示	zhǎnshì	N/V	exhibition, exhibit
6.	优惠	優惠	yōuhuì	A	favorable, special
7.	类型	類型	lèixíng	N	type, kind
8.	奖励	獎勵	jiǎnglì	V	award
9.	个人电脑	個人電腦	gèrén diànnǎo	N	personal computer
10.	里程	里程	lǐchéng	N	mileage
11.	兑换	兌換	duìhuàn	V	exchange, change for
12.	机型	機型	jīxíng	N	(computer) model
13.	搭乘	搭乘	dāchéng	V	ride, take
14.	群体	群體	qúntí	N	group
15.	相对	相對	xiāngduì	Ad	relatively, comparatively
16.	针对性	針對性	zhēnduìxìng	N	focus, focalization
17.	报刊	報刊	bàokān	N	newspapers and magazines
18.	邮寄	郵寄	yóujì	V	mail
19.	海报	海報	hǎibào	N	poster
20.	联展	聯展	liánzhǎn	N	joint exhibition, joint sales
21.	酬宾	酬賓	chóubīn	N	bargain sales
22.	减价	減價	jiǎnjià	N/VO	reduced price, reduce price
23.	特价	特價	tèjià	N	special price
24.	印发	印發	yìnfā	V	print and distribute

25.	优待券	優待券	yōudàiquàn	N	coupon
26.	礼券	禮券	lǐquàn	N	gift certificate
27.	全球化	全球化	quánqiúhuà	N/V	globalization, globalize

✐ 课文 (課文)

28.	机器	機器	jīqì	N	machine
29.	产量	產量	chǎnliàng	N	output
30.	有限	有限	yǒuxiàn	A	limited
31.	知音	知音	zhīyīn	N	friend
32.	限量	限量	xiànliàng	N	limited quantity
33.	网卡	網卡	wǎngkǎ	N	network card
34.	驱动	驅動	qūdòng	N/V	drive
35.	免费	免費	miǎnfèi	A	free
36.	送货上门	送貨上門	sònghuòshàngmén		deliver to the door
37.	偏远	偏遠	piānyuǎn	A	remote
38.	适当	適當	shìdàng	A	appropriate, suitable
39.	填写	填寫	tiánxiě	V	fill out (a form)
40.	凭	憑	píng	P	based on, with
41.	享受	享受	xiǎngshòu	V	enjoy
42.	指定	指定	zhǐdìng	V	designate
43.	样机	樣機	yàngjī	N	sample model
44.	定单	定單	dìngdān	N	order
45.	登陆	登陸	dēnglù	VO	log on
46.	网页	網頁	wǎngyè	N	web page
47.	在线	在線	zàixiàn	P	on line
48.	递交	遞交	dìjiāo	V	submit
49.	拨打	撥打	bōdǎ	V	dial
50.	热线	熱線	rèxiàn	N	hotline
51.	订购	訂購	dìnggòu	V	order, place an order

四、语法练习 (語法練習)

一、(在)……内
in, within

Examples:

1. 三年内，进出口额提高了25％。

   三年內，進出口額提高了25％。

   In three years, the volume of import and export increased by 25%.

2. 在促销期间内，所有的商品都减价15％。

   在促銷期間內，所有的商品都減價15％。

   During the sales period, all products are 15% off.

3. 在合同内，应该写清楚交易条件。

   在合同內，應該寫清楚交易條件。

   Trade terms should be clearly specified in the contract.

4. 在我们公司内，最大的业务部是综合贸易部。

   在我們公司內，最大的業務部是綜合貿易部。

   The Comprehensive Business Department is the biggest department in our company.

➜ **Complete the following sentences:**

1. 在大酬宾期间内，＿＿＿＿＿＿＿＿＿＿＿＿＿＿＿＿＿＿＿＿＿

   在大酬賓期間內，＿＿＿＿＿＿＿＿＿＿＿＿＿＿＿＿＿＿＿＿＿

2. 在促销的机型内，＿＿＿＿＿＿＿＿＿＿＿＿＿＿＿＿＿＿＿＿＿

   在促銷的機型內，＿＿＿＿＿＿＿＿＿＿＿＿＿＿＿＿＿＿＿＿＿

3. 在展销会内，＿＿＿＿＿＿＿＿＿＿＿＿＿＿＿＿＿＿＿＿＿＿＿

   在展銷會內，＿＿＿＿＿＿＿＿＿＿＿＿＿＿＿＿＿＿＿＿＿＿＿

4. 在特价商品内，_____

   在特價商品內，_____

二、及

and

Examples:

1. 客户比较喜欢日本及德国的产品。

   客户比較喜歡日本及德國的產品。

   Comparatively speaking, customers like products from Japan and Germany.

2. 参加展销的有本市及外地的公司。

   參加展銷的有本市及外地的公司。

   Companies from this and other cities participated in the fair.

3. 这种产品的产量及质量都提高了。

   這種產品的產量及質量都提高了。

   The product's output and quality have been improved.

4. 促销产品有桌面电脑、笔记本电脑及掌上电脑。

   促銷產品有桌面電腦、筆記本電腦及掌上電腦。

   Desktops, notebooks, and palm computers are on sale.

三、一定

to a certainty

Examples:

1. 上半年，电脑的销售量有了一定的增加。

   上半年，電腦的銷售量有了一定的增加。

   The sales volume of computers has a certain increase in the first half of the year.

2. 向居民邮寄销售海报起了一定的作用。

向居民郵寄銷售海報起了一定的作用。

Mailing sales posters to residents has had a certain effect.

3. 有一定数量的家庭购买了电脑。

有一定數量的家庭購買了電腦。

A certain number of households have purchased computers.

4. "买一送一"对顾客有一定的吸引力。

"買一送一"對顧客有一定的吸引力。

"Buy one and get one free" has attracted customers to a certain degree.

四、而
but, and...

而 is used in written Chinese to connect words, phrases, and clauses. Based on the context, it has various meanings, such as *but, and, furthermore*, *as a result, in comparison*, etc.

Examples:

1. 这种促销方式是针对较年轻的顾客的，而对年长的顾客，我们采用别的方式。

這種促銷方式是針對較年輕的顧客的，而對年長的顧客，我們採用別的方式。

This method of promoting sales aims at younger customers, but we use other methods for older customers.

2. 本司主要经营高科技产品的出口，而贵司经营这类产品已有很长历史，所以我们希望能与贵司建立业务合作关系。

本司主要經營高科技產品的出口，而貴司經營這類產品已有很長歷史，所以我們希望能與貴司建立業務合作關係。

Our company deals in the export of high-tech products, and your company has a long history of dealing the same products, therefore we hope to establish business relations with your company.

3. 顾客之所以被这种机型吸引是因为这种机型质量好，而价格又比较便宜。

顧客之所以被這種機型吸引是因為這種機型質量好，而價格又比較便宜。

Customers are attracted by this model because its quality is good and its price is relatively inexpensive.

4. 上个月，进口额同比增加了10%，而出口额下降了5%。

上個月，進口額同比增加了10%，而出口額下降了5%。

Last month, the import amount increased by 10% but the export amount decreased by 5% comparing to the same period of last year.

→ **Translate the following sentences into English, paying attention to the different meaning of** 而:

1. 在代理贸易中，商品的所有权不属于外贸公司，而在自营贸易中就不同了。

在代理貿易中，商品的所有權不屬於外貿公司，而在自營貿易中就不同了。

_____

_____

2. 国内市场的销售提高得很快，而向国外市场的出口还不够理想。

國內市場的銷售提高得很快，而向國外市場的出口還不夠理想。

_____

_____

3. 上年进出口额增加了10%左右，而高科技产品的进出口额增加了20%以上。

上年進出口額增加了10%左右，而高科技產品的進出口額增加了20%以上。

_____

_____

4. 我们计划在大学生中促销这种服务，而来这家咖啡馆消费的也以大学生
   为主。

   我們計劃在大學生中促銷這種服務，而來這家咖啡館消費的也以大學
   生為主。

   _____

   _____

五、以……为主
regard...as the main/major...

Examples:

1. 我们以经营电子产品为主。

   我們以經營電子產品為主。

   We deal mainly in electronic products.

2. 购买这种产品的以中年人为主。

   購買這種產品的以中年人為主。

   Those who buy this product are mainly middle-aged people.

3. 虽然我们进出口都做，但是以出口为主。

   雖然我們進出口都做，但是以出口為主。

   We deal in both import and export, but regard export as our main business.

4. 促销方式以广告为主。

   促銷方式以廣告為主。

   Advertisement is the major method of promoting sales.

→ **Rewrite the following sentences by using 以……为主:**

1. 支付方式主要是信用证。

   支付方式主要是信用證。

   _____

2. 来展销会的客户很多，主要是国内客户。

来展銷會的客戶很多，主要是國內客戶。

_____

3. 合资公司的资金来自中美两国，主要来自中国。

合資公司的資金來自中美兩國，主要來自中國。

_____

4. 学习班的学生大多数都是外国留学生。

學習班的學生大多數都是外國留學生。

_____

六、由
used in a passive voice, to introduce the agent of an action

Examples:

1. 定单由顾客填写。

定單由顧客填寫。

The order form is to be filled out by customers.

2. 货物保险由买方负责。

貨物保險由買方負責。

Insurance is to be taken care of by the buyer.

3. 这次促销会是由三十多家公司联合举办的。

這次促銷會是由三十多家公司聯合舉辦的。

This sale is jointly sponsored by over 30 companies.

4. 交易条件由双方磋商决定。

交易條件由雙方磋商決定。

Transaction terms are to be determined by both parties through negotiation.

七、凭
based on, with, in accordance with

Examples:

1. 我们凭书面合同履行合同义务。

   我們憑書面合同履行合同義務。

   We will fulfill our obligations according to the written contract.

2. 顾客可以凭优待券购买两件。

   顧客可以憑優待券購買兩件。

   Customers can buy two (of this product) with coupon.

3. 我们可以凭顾客的需要提供服务。

   我們可以憑顧客的需要提供服務。

   We can provide service based on customers' needs.

4. 凭产品和服务种类就可以看出你们的经营范围很广。

   憑產品和服務種類就可以看出你們的經營範圍很廣。

   Based on the available products and services, we can tell that you have a broad business scope.

五、综合练习

I. Vocabulary Practice:

☞ **Matching words of similar meaning in the following two columns:**

1. 优惠价格 　　　　　　　　　 _____ A. 客户
2. 顾客 　　　　　　　　　　　 _____ B. 做广告
3. 大酬宾 　　　　　　　　　　 _____ C. 优待券
4. 促销方式 　　　　　　　　　 _____ D. 特价
5. 礼券 　　　　　　　　　　　 _____ E. 大减价

☞ **Find ten words from the text that are used in promoting sales:**

II. Comprehension Questions:

1. 玛丽和大卫怎么知道在展示中心有个人电脑促销活动？

_____

_____

2. 大卫一开始为什么不愿意去展示中心，后来为什么又愿意去了？

_____

_____

3. 个人电脑的促销活动是由哪两家公司举办的？

_____

_____

4. 在促销期内买电脑有什么好处？

_____

_____

5. 中国国际航空公司的飞行里程能用于别的航空公司吗？

_____

_____

6. 有几种电脑机型参加了促销？

_____

_____

7. 航空公司的顾客和电脑公司的顾客有哪些相似之处？

_____

_____

8. 中国一般采用哪些促销方法？

_____

_____

9. 你认为有针对性的促销和一般性促销，哪种方式比较有效？为什么？

_____

_____

10. 除了课文里提到的促销方式以外，还有哪些别的促销方式？

_____

_____

III. Fill in the blanks with appropriate words:

1.   广告   比如   开展   采用   活动   海报   吸引

　　为了促销，许多公司和商店都_____各种各样的方式吸引顾客。_____，在电视上、报刊上做_____，向大家介绍产品。有些商店向居民邮寄销售_____，告诉居民商店的特价商品。还有的商店经常_____大联展大酬宾的销售_____，利用减价特价和印发优待券和礼券的方式来_____顾客。

2.   提供   方式   联合   热线电话   定单   优惠   登陆

　　一家电脑公司和一家航空公司举办＿＿＿＿＿＿＿促销活动。如果客户购买电脑，就可以得到＿＿＿＿＿＿＿里程奖励。同时，还向市区内的客户＿＿＿＿＿＿＿免费送货上门。有兴趣的客户可以用三种＿＿＿＿＿＿＿购买，一是在展示中心填写＿＿＿＿＿＿＿，二是＿＿＿＿＿＿＿电脑公司的网页，三是拨打免费＿＿＿＿＿＿＿。

IV. Show and Tell:

☞ Bring to class some materials that a business uses for promoting sales, such as a sales poster, a coupon, a store advertisement, etc., and describe to your classmates what products or services the business is promoting and what special deals are offered to the customers.

V. Use approximately 200 words to write a short essay on how businesses promote their services or products. You can use examples to illustrate. Make a presentation of your essay in class:

_____

_____

_____

_____

_____

_____

_____

_____

_____

_____

VI. Listening Comprehension: (disc 1 🔘 track 12)

For script of the listening exercise, see Appendix A

1. What is Lao Gao's plan for the weekend?

_____

_____

2. Name two types of books that are discounted during the sale.

_____

_____

3. What does Lao Gao plan to buy?

_____

_____

六、补充练习

I. Group Discussion:

☞ Match the advertisement in Column A with the product/service in Column B.

☞ Which advertisements do you like or dislike, and why?

广告　　　　　　　　　　　　　　　　　　　　　产品、服务

1. 药材好，药才好。　　　　　　　　　　　　____A. 治疗脱发

2. 让你心爱的人早点回家。　　　　　　　　　____B. 越野汽车

3. 提升人生品位，构筑精神家园　　　　　　　____C. 信用卡

4. 无线之王无线王，无线上网　　　　　　　　____D. 文学杂志

   用无线王，无线王随身网络电脑

5. 焕发自信，从头开始　　　　　　　　　　　____E. 出租汽车

6. 投资美股无国界 (国际账户正式开放)　　　　____F. 网络电脑

7. 心无限，路无界　　　　　　　　　　　　　____G. 药

8. 刷出多彩生活—刷卡消费，刷出惊喜　　　　____H. 网上书店

9. 千种图书，任君挑选，名家作品，一网打尽　____I. 照相手机

10. 随意拍发，留住精彩　　　　　　　　　　　____J. 证券公司

II. Read the following dialogue and answer the questions:

老王：<u>听说中国加入了世界贸易组织以后，会更加开放国内的零售业。</u>

老张：中国政府会有哪些开放措施呢？

老王：<u>中国政府会逐步取消对外资商业企业在地区、数量、股权比例和企业</u>
　　　<u>形式方面的限制。</u>

老张：怪不得前两天我看到报纸上说，全球零售商的几大巨头，比如美国的
　　　沃尔玛、法国的家乐福和德国的麦德龙等公司明年都将加快它们在中
　　　国的发展速度。

老王：说到法国的家乐福公司，目前已经在北京、上海等十四个中国城市开
设了二十六家分店。

老张：家乐福分店跟一般的超市相比，有什么不同？

老王：有人把家乐福公司的分店叫作大卖场。<u>大卖场比普通的超市大，商品
品种多，价格也有竞争力，对消费者来说，买东西更加方便。</u>

老张：上海现在有几家家乐福的分店？

老王：六家，听说家乐福至少还要在上海再开十家分店。

生词：

1. 世界贸易组织	Shìjiè Màoyì Zǔzhī	The World Trade Organization
2. 零售业	língshòu yè	retail industry
3. 措施	cuòshī	measure
4. 取消	qǔxiāo	cancel
5. 地区	dìqū	region
6. 数量	shùliàng	quantity
7. 股权比例	gǔquán bǐlì	proportion of shares
8. 形式	xíngshì	format
9. 限制	xiànzhì	restriction
10. 巨头	jùtóu	giant leader
11. 沃尔玛	Wò Ěr Mǎ	WalMart
12. 家乐福	Jiā Lè Fú	Carrefour
13. 麦德龙	Mài Dé Lóng	Metro
14. 超市	chāoshì	supermarket
15. 大卖场	dà mài chǎng	super store, mega store
16. 竞争力	jìngzhēng lì	competitiveness

☞ **Comprehension Questions:**

1. 中国加入了世界贸易组织以后，会采取什么措施来开放国内的零售业？

_____

_____

2. 对话里提到全球零售业的几大巨头。巨头是什么意思？

_____

_____

3. 全球零售业的几大巨头明年将在中国做什么？

_____

_____

4. 法国的家乐福公司在中国开设了多少分店？

_____

_____

5. 家乐福大卖场跟一般的超市相比，有什么不同？

_____

_____

☞ **Translate the following sentences into English:**

1. 听说中国加入了世界贸易组织以后，会更加开放国内的零售业。

_____

_____

_____

_____

2. 中国政府会逐步取消对外资商业企业在地区、数量、股权比例、和企业形式方面的限制。

_____

_____

_____

_____

3. 大卖场比普通的超市大，商品品种多，价格也有竞争力，对消费者来说，买东西更加方便。

_____

_____

_____

_____

第 4 课

电子商务

中国电子商务起步于九十年代，目前已经进入到几乎所有的商务领域，但远不如发达国家普及。网上支付、现行税制、物流体系限制了中国电子商务的发展。比如，只有百分之三十八的网上购物者使用信用卡或现金卡。为了使电子商务健康发展，中国需要加快信息网络建设，完善网络贸易法律，建立电子商务税收制度。

本课对话介绍了电子商务的一般应用范围和发展电子商务的步骤。课文是一篇报刊文章，总结了中国发展电子商务所遇到的四大挑战。

China's e-commerce started in the 1990's and has extended into almost all business sectors, but it is not as widespread as in developed nations. On-line payment, the current tax system and logistical systems have restricted the development of e-commerce in China. For instance, only 38 percent of online buyers pay with credit or debit cards. China needs to expand its information network, improve Internet business laws, and establish a taxing system for e-business to ensure a healthy development of e-commerce.

The dialogue in this chapter describes the general capacity of e-commerce and the steps of starting up an e-business. The text is a newspaper article, which summarizes the four major challenges of developing e-commerce in China.

上图：一可供网上理财的信用卡
Photo: A bank card that has e-banking functions

一、对话

数字媒体

大卫：　王老师，听说您昨天去听了一个有关电子商务的讲座，能不能给我们介绍一下？

王老师：行。电子商务近年来在中国一些大城市发展得很快。很多城市都设立了电子商务站。但是中国大多数企业还没认识到发展电子商务的重要性，上网的企业还不多。

玛丽：　王老师，我对"为什么要搞电子商务"这个问题还不太清楚，您能不能多谈谈？

王老师：越来越多的企业认为，网络化、专业管理、全球化是新经济的主要特色。要在世界经济中具有竞争力，传统企业也应该发展电子商务。近年来，中国的进出口贸易额一年比一年高，生产不再只根据国内的需要了，还要根据国际市场的需要。

玛丽：　电子商务不就是在网上作买卖吗？不上网也可以做买卖。

王老师：不，电子商务除了在线交易，在线服务，还包括企业运作的管理，市场供求的研究和优质的客户服务。

大卫：　大部分中国企业是不是不太清楚电子商务的好处？

王老师：对。我看搞电子商务主要有三大好处：一是可以降低经营成本；二是可以让资金周转得比较快；三是可以提高管理、服务水平。

玛丽：　那么，如果一个传统企业要搞电子商务，应该先做些什么呢？

王老师：一般来说，第一步是企业设立网站，介绍自己的产品和服务。第二步是让访问网站的客户可以和公司联系，可以在网上订货和支付。可是，目前还有一些实际困难阻碍着中国电子商务的发展。对了，报上有篇文章正好跟电子商务有关，你们不妨看一看。

一、對話

大衛：　王老師，聽說您昨天去聽了一個有關電子商務的講座，能不能給我們介紹一下？

王老師：行。電子商務近年來在中國一些大城市發展得很快。很多城市都設立了電子商務站。但是中國大多數企業還沒認識到發展電子商務的重要性，上網的企業還不多。

瑪麗：　王老師，我對"為什麼要搞電子商務"這個問題還不太清楚，您能不能多談談？

王老師：越來越多的企業認為，網路化、專業管理、全球化是新經濟的主要特色。要在世界經濟中具有競爭力，傳統企業也應該發展電子商務。近年來，中國的進出口貿易額一年比一年高，生產不再只根據國內的需要了，還要根據國際市場的需要。

瑪麗：　電子商務不就是在網上作買賣嗎？不上網也可以做買賣。

王老師：不，電子商務除了網上交易，網上服務，還包括企業運作的管理，市場供求的研究和優質的客戶服務。

大衛：　大部分中國企業是不是不太清楚電子商務的好處？

王老師：對。我看搞電子商務主要有三大好處：一是可以降低經營成本；二是可以讓資金周轉得比較快；三是可以提高管理、服務水平。

瑪麗：　那麼，如果一個傳統企業要搞電子商務，應該先做些甚麼呢？

王老師：一般來說，第一步是企業設立網站，介紹自己的產品和服務。第二步是讓訪問網站的客戶可以和公司聯繫，可以在網上訂貨和支付。可是，目前還有一些實際困難阻礙着中國電子商務的發展。對了，報上有篇文章正好跟電子商務有關，你們不妨看一看。

二、课文

有关人士指出：中国电子商务发展受四大"瓶颈"制约

华声报讯：电子商务近来在中国的一些大城市发展迅猛，电子商务站纷纷设立。但是有关人士指出，中国电子商务发展受四大"瓶颈"制约。

"瓶颈"之一，没有解决"为什么要搞电子商务"的问题。中国大多数企业没有认识到发展电子商务的必要性，上网企业数少。

"瓶颈"之二，没有解决"怎么搞电子商务"的问题。中国目前个人计算机[*]的市场持有量仅为1500万台，其中还有一部分是不能上网的计算机[*]，平均到每个企业和政府部门还不到一台。而且目前网络运行速度慢、网络资费贵。

"瓶颈"之三，没有解决"搞电子商务是否安全、可靠"的问题。一些网站在安全体系上没有设防，很容易受到黑客的攻击。

"瓶颈"之四，没有解决"搞电子商务依据什么"的问题。到目前为止中国有关电子商务的法律法规尚是一片空白，这也阻碍了电子商务的进一步发展。

©《华声报》电子版

注：[*]计算机：「计算机」即英文里的"computer"。在中国大陆，"computer"一般称作「计算机」；在台湾与香港，则一般称作「电脑」。为了更接近实际的语言环境，我们在简体文本用「计算机」，在繁体文本则用「电脑」。

二、課文

有關人士指出：中國電子商務發展受四大"瓶頸"制約

　　華聲報訊：電子商務近來在中國的一些大城市發展迅猛，電子商務站紛紛設立。但是有關人士指出，中國電子商務發展受四大"瓶頸"制約。

　　"瓶頸"之一，沒有解決"為甚麼要搞電子商務"的問題。中國大多數企業沒有認識到發展電子商務的必要性，上網企業數少。

　　"瓶頸"之二，沒有解決"怎麼搞電子商務"的問題。中國目前個人電腦的市場持有量僅為1500萬台，其中還有一部分是不能上網的電腦，平均到每個企業和政府部門還不到一台。而且目前網路運行速度慢、網路資費貴。

　　"瓶頸"之三，沒有解決"搞電子商務是否安全、可靠"的問題。一些網站在安全體系上沒有設防，很容易受到黑客的攻擊。

　　"瓶頸"之四，沒有解決"搞電子商務依據甚麼"的問題。到目前為止中國有關電子商務的法律法規尚是一片空白，這也阻礙了電子商務的進一步發展。

©《華聲報》電子版

三、生词(生詞)

✎ 对话(對話)

1.	电子商务	電子商務	diànzi shāngwù	N	e-commerce
2.	重要性	重要性	zhòngyàoxìng	N	importance
3.	网络化	網路化	wǎngluòhuà	N/V	network, become a network
4.	运作	運作	yùnzuò	N/V	operation, operate
5.	供求	供求	gòngqiú	N	demand and supply
6.	优质	優質	yōuzhì	A	high-quality
7.	降低	降低	jiàngdī	V	lower, reduce
8.	成本	成本	chéngběn	N	cost
9.	网站	網站	wǎngzhàn	N	web site
10.	支付	支付	zhīfù	V	pay, make a payment
11.	阻碍	阻礙	zǔ'ài	V	hinder
12.	不妨	不妨	bùfáng	Ad	might as well

✎ 课文(課文)

13.	指出	指出	zhǐchū	V	point out
14.	瓶颈	瓶頸	píng jǐng	N	bottleneck
15.	制约	制約	zhìyuē	V	restrict, condition
16.	迅猛	迅猛	xùnměng	A	rapid, fast
17.	纷纷	紛紛	fēnfēn	Ad	one after another
18.	大多数	大多數	dà duōshù	N	the great majority
19.	必要性	必要性	bìyàoxìng	N	necessity
20.	数	數	shù	N	number
21.	持有	持有	chíyǒu	V	have, own
22.	仅	僅	jǐn	Ad	only

23.	政府部门	政府部門	zhèngfǔ bùmén	N	government department
24.	运行	運行	yùnxíng	V	be in motion, operate
25.	速度	速度	sùdù	N	speed
26.	资费	資費	zīfèi	N	fee, charge
27.	安全	安全	ānquán	A/N	safe, security
28.	可靠	可靠	kěkào	A	reliable
29.	体系	體系	tǐxì	N	system
30.	设防	設防	shè fáng	VO	set up defense
31.	黑客	黑客	hēikè	N	hacker
32.	攻击	攻擊	gōngjī	V	attack
33.	依据	依據	yījù	N	foundation, basis
34.	法律	法律	fǎlǜ	N	law
35.	法规	法規	fǎguī	N	regulation, rule, code
36.	尚	尚	shàng	Ad	still
37.	空白	空白	kòngbái	N	blank, vacancy

1. 提高就业率　　　债务 (zhài wù)

2. … 经济复苏 (sū)

受 … 制

四、语法练习（語法練習）

一、不妨
there's no harm..., might as well...

Examples:

1. 你不妨去看一下这家公司的网站。

   你不妨去看一下這家公司的網站。

   You might as well take a look at the company's web site.

2. 这个问题我们不妨问问王经理。

   這個問題我們不妨問問王經理。

   We might as well ask Manager Wang about this.

3. 我们不妨去展销会看看。

   我們不妨去展銷會看看。

   We might as well go to the fair.

4. 你不妨试用一下这种新产品。

   你不妨試用一下這種新產品。

   There's no harm for you to try this new product.

➔ **Use 不妨 to give advice or suggestions, based on the following situations:**

1. 客户不怎么了解这家公司的服务。

   客户不怎麼瞭解這家公司的服務。

   _____

2. 小张听说那家饭店的菜不错，可是不知道是不是合自己的口味。

   小張聽說那家飯店的菜不錯，可是不知道是不是合自己的口味。

   _____

3. 小王打算买一台新电脑。这个星期电脑店正好在搞促销。

　　小王打算買一台新電腦。這個星期電腦店正好在搞促銷。

　　_____

4. 大家都说那个电影好极了，可是我没看过。

　　大家都說那個電影好極了，可是我沒看過。

　　_____

二、受……制约
restricted by....

When 受 takes an object, it often has the meaning of "subject to...". The pattern 受 + a noun phrase + a verbal phrase is in a passive voice (such as 受客户欢迎, well received by customers, 受国际市场影响, influenced by the international market).

Examples:

1. 受经济发展较慢的制约，农民的平均收入不高。

　　受經濟發展較慢的制約，農民的平均收入不高。

　　Restricted by a slow economic growth, the average income for farmers is low.

2. 受环境条件的制约，这里的交通不方便。

　　受環境條件的制約，這裏的交通不方便。

　　Restricted by environmental conditions, it is not convenient to travel in this region.

➜ **Completed the following sentences:**

1. 受电脑网络运行速度较慢的制约，_____

　　受電腦網路運行速度較慢的制約，_____

2. 受国际市场价格的影响，我们的产品价格_____

　　受國際市場價格的影響，我們的產品價格_____

3. 受贸易保护主义的制约，这个国家的贸易额＿＿＿＿＿＿＿＿＿＿＿

　　受貿易保護主義的制約，這個國家的貿易額＿＿＿＿＿＿＿＿＿＿

4. 受网上支付不安全的制约，＿＿＿＿＿＿＿＿＿＿＿＿＿＿＿＿＿

　　受網上支付不安全的制約，＿＿＿＿＿＿＿＿＿＿＿＿＿＿＿＿＿

> 三、纷纷
> **one after another**

Examples:

1. 最近，各个城市的房地产价格纷纷上涨。

　　最近，各個城市的房地產價格紛紛上漲。

　　Recently, the real estate prices in many cities rose (one after another).

2. 很多美国公司纷纷在中国建立了分公司。

　　很多美國公司紛紛在中國建立了分公司。

　　Many US companies have, one after another, set up branch offices in China.

→ **Rewrite the following sentences with 纷纷:**

1. 很多公司渐渐地建立了网站。

　　很多公司漸漸地建立了網站。

＿＿＿＿＿＿＿＿＿＿＿＿＿＿＿＿＿＿＿＿＿＿＿＿＿＿＿＿＿＿

2. 开会的时候，大家一个接一个地提问题。

　　開會的時候，大家一個接一個地提問題。

＿＿＿＿＿＿＿＿＿＿＿＿＿＿＿＿＿＿＿＿＿＿＿＿＿＿＿＿＿＿

3. 这个网上公司把电子商务的问题一个一个地解决了。

　　這個網上公司把電子商務的問題一個一個地解決了。

＿＿＿＿＿＿＿＿＿＿＿＿＿＿＿＿＿＿＿＿＿＿＿＿＿＿＿＿＿＿

4. 听说这个产品的质量有问题以后，客户一个连一个地退货。

聽說這個產品的質量有問題以後，客戶一個連一個地退貨。

_____

四、仅
only, merely

Examples:

1. 目前上网的公司仅有几百家。

   目前上網的公司僅有幾百家。

   Currently, only several hundred companies are on line.

2. 上网的资费不贵，仅八十元一个月。

   上網的資費不貴，僅八十元一個月。

   It is not expensive to get on line, only 80 *yuan* a month.

→ **Add 仅 to the following sentences:**

1. 他十五岁就建立了一个网上公司。

   他十五歲就建立了一個網上公司。

   _____

2. 这个公司销售两种产品。

   這個公司銷售兩種產品。

   _____

3. 公司销售的产品受二十岁以下的年轻人欢迎。

   公司銷售的產品受二十歲以下的年輕人歡迎。

   _____

4. 一年内，公司的销售额就达到了十五万美元。

   一年內，公司的銷售額就達到了十五萬美元。

   _____

> 五、到……为止
> **up to, till**

Examples:

1. 到2000年上半年为止，中国还没有建立关于电子商务的法律。

   到2000年上半年為止，中國還沒有建立關於電子商務的法律。

   Up to the first half of 2000, China had not established any laws on E-commerce.

2. 到今年三月末为止，出口额同比增加了10%。

   到今年三月末為止，出口額同比增加了10%。

   Till the end of this March, the export volume increased by 10% comparing to the same period of last year.

→ **Translate the following into Chinese:**

1. The import volume increased by 20% by the end of last year.

   _____

   _____

2. Up to now, the company still does not have a web site.

   _____

   _____

3. By the end of last month, the business volume reached 1 million US dollars.

   _____

   _____

4. Up to next December, the company is not going to raise the prices for this product.

   _____

   _____

六、尚
still, (not) yet

It is used in written Chinese, with the same meaning of 还.

Examples:

1. 有关电子商务的法律尚是一片空白。

   有關電子商務的法律尚是一片空白。

   E-commerce laws do not exist yet.

2. 上网的公司尚不多。

   上網的公司尚不多。

   There are not yet many companies on line.

→ **Translate the following into English:**

1. 在那个公司，尚有百分之三十的人不会用电脑。
   在那個公司，尚有百分之三十的人不會用電腦。

   _____

   _____

2. 他们尚需要用各种促销方式把新产品介绍给顾客。
   他們尚需要用各種促銷方式把新產品介紹給顧客。

   _____

   _____

3. 电子商务中的安全问题尚未解决。
   電子商務中的安全問題尚未解決。

   _____

4. 不少国有企业尚需改革经营方法。
   不少國有企業尚需改革經營方法。

   _____

五、综合练习

I. Vocabulary Practice:

☞ **Fill in the blanks with appropriate words or phrases:**

1.　　　　　　设立　专业管理　竞争　特色　发展　上网

　　近年来，电子商务在中国的一些城市＿＿＿＿＿＿＿很快，不少企业＿＿＿＿＿＿＿了电子商务站。这些＿＿＿＿＿＿＿的企业认为，网络化、＿＿＿＿＿＿＿、和全球化是新经济的＿＿＿＿＿＿＿。要在国际市场上＿＿＿＿＿＿＿，就应该发展电子商务。

2.　　　　　　供求　在线　周转　运作　减低　水平

　　电子商务包括在线交易，＿＿＿＿＿＿＿服务，企业＿＿＿＿＿＿＿的管理，市场＿＿＿＿＿＿＿的研究，客户服务等等。电子商务可以＿＿＿＿＿＿＿经营成本，提高管理服务＿＿＿＿＿＿＿，并且让资金＿＿＿＿＿＿＿得比较快。

II. Comprehension Questions:

☞ **Based on the newspaper article, please discuss the following questions:**

1. 这篇文章提到中国发展电子商务有哪四个重要问题需要解决？

　　＿＿＿＿＿＿＿＿＿＿＿＿＿＿＿＿＿＿＿＿＿＿＿＿＿＿＿＿＿＿＿

　　＿＿＿＿＿＿＿＿＿＿＿＿＿＿＿＿＿＿＿＿＿＿＿＿＿＿＿＿＿＿＿

2. 你认为在这四个问题中，哪个问题比较重要，需要先解决？

　　＿＿＿＿＿＿＿＿＿＿＿＿＿＿＿＿＿＿＿＿＿＿＿＿＿＿＿＿＿＿＿

　　＿＿＿＿＿＿＿＿＿＿＿＿＿＿＿＿＿＿＿＿＿＿＿＿＿＿＿＿＿＿＿

3. 你认为不发达国家也应该发展电子商务吗？为什么应该／不应该？

　　＿＿＿＿＿＿＿＿＿＿＿＿＿＿＿＿＿＿＿＿＿＿＿＿＿＿＿＿＿＿＿

　　＿＿＿＿＿＿＿＿＿＿＿＿＿＿＿＿＿＿＿＿＿＿＿＿＿＿＿＿＿＿＿

☞ **Based on the newspaper article, decide if the following statements are true or false:**

___ 1. 因为中国的电子商务有瓶颈的制约，所以大城市的电子商务发展得很慢。

___ 2. 虽然多数企业不知道为什么要搞电子商务，但是上网的公司很多。

___ 3. 目前中国个人电脑的持有量不高。

___ 4. 中国的电脑中有一部分不能上网。

___ 5. 虽然个人电脑的持有量不高，但是企业和政府部门的持有量很高。

___ 6. 中国搞电子商务的困难之一是网络运行速度慢，网络资费贵。

___ 7. 黑客很容易攻击一些网站，因为这些网站没有安全设防。

___ 8. 这篇文章认为，中国虽然建立了不少电子商务的法律法规，可是还不够。

III. Rewrite the following sentences, trying to use the words provided:

1. 最近中国一些大城市的电子商务发展很快。电子商务站一个连一个地建立了。(近来、迅猛、纷纷、设立)

_____

_____

2. 虽然如此，几个大难题还在影响中国电子商务的发展。(受⋯⋯制约、瓶颈)

_____

_____

3. 第一个问题是多半的中国企业不知道为什么需要电子商务。(瓶颈之一、大多数、认识到⋯⋯的必要性)

_____

_____

4. 第二个问题是中国拥有个人计算机的人数不多，很多计算机没有联网。再说上网的费用也很贵。(瓶颈之二、持有量、上网、而且、网络资费)

_____

_____

5. 第三个问题是一些网站不安全，黑客很容易进入网站。(瓶颈之三、安全设
防、攻击)

_____

6. 第四个问题是中国缺少关于电子商务的规定，影响了电子商务的发展。(瓶
颈之四有关、法律法规、阻碍)

_____

IV. Read the following list of on-line bookstores and find information:

网上书店

北京书城	提供新书推荐、书目介绍及网上销售服务。
北京图书大厦	提供网上购书服务，包括在线书评，新书预告。
大连网上书店	提供图书、报刊及原版CD。
当当网上书店	提供分类查询，畅销书排行榜，书摘及跳蚤市场。
电子图书馆	提供电子版的计算机类书籍租阅服务。
广东网上书城	提供新书推荐及网上购书。
汉林网上书城	销售中国大陆出版的图书和音像制品。
广州购书中心网上书店	提供书目和新书介绍，可网上订购。

生词：

1. 推荐	tuījiàn	recommend
2. 书评	shūpíng	book review
3. 分类查询	fēnlèi cháxún	look for books by category
4. 畅销书	chàngxiāo shū	best seller
5. 书摘	shūzhāi	book abstract
6. 跳蚤市场	tiàozǎo shìchǎng	flea market
7. 书籍	shūjí	books
8. 租阅	zūyuè	book lease
9. 音像制品	yīnxiàng zhìpǐn	audio, video and CD products

☞ **Information Finding:**

1. Find two bookstores that sell CD.

_____

2. Find two bookstores that introduce readers to new publications.

_____

3. Find one bookstore that sells newspapers and magazines.

_____

4. Find one bookstore that specializes in E version of computer related books.

_____

5. Find one bookstore that has on-line book review.

_____

☞ **Organize Your Findings:**

Selling CD	New Publications	Newspapers & magazines	E-version of computer books	On-line book review

V. Listening Comprehension: (disc 1 track 16)

For script of the listening exercise, see Appendix A

专家认为中国电子商务虽然近年来在一些_____发展得很快，但是总的来说_____的企业还不够多。有四个问题阻碍了_____的发展。第一是"_____要搞电子商务"？第二是"_____搞电子商务"？第三是"电子商务是不是_____、可靠"？第四是"搞电子商务依据什么_____"？如果这些问题解决了，上网的企业就会_____。

六、补充练习

Read the following materials and answer the questions:

小王：据我看，商业网站的质量会影响一个公司的经济效益。因此，网站的设计必须既合理又有效。

小李：一个高质量的商业网站应该包括哪些方面呢？

小王：一般来说，要包括三个方面。第一是网上交易。商业网站就像是一个网上商店。传统的商店把商品放在货架上，让客户挑选；而网上商店则把商品或服务项目放在数据库里。如果能详细分类，并加上照片或文字说明，客户就能轻松地查询到他们所需的商品或服务。网上交易不但方便了客户，而且也为公司节省了租用场地的开支。

小李：网上交易必须包括支付功能吧？

小王：对，网上支付的安全可靠是非常重要的。对于公司来说，网上交易还有另外一个长处。由于电脑能快速地处理数据，在交易的同时，可以及时地向公司提供销售统计和财务报告，有利于公司的业务管理和操作。

小李：我认为，交流功能也是不可少的。如果客户对商品或服务不满意，他们需要马上跟公司联系。

小王：你说得对，商业网站的第二个方面是交流。电子邮件是一种有效的联系方式。除此之外，网站还可以设立在线调查系统，帮助公司了解客户的需求。公司可以通过网上问卷，对客户进行在线调查，并分析调查结果，来促进公司的营销。

小李：我看到某些商业网站经常向客户介绍新产品新服务。

小王：这是商业网站的第三个方面：信息发布。为了提高销售，公司可以向客户提供商业信息。

小李：看来，在科技化全球化的今天，要用低成本，高速度地扩大业务，电子商务的确是首选。

生词：

1. 效益	xiàoyì	profit, efficiency
2. 合理	hélǐ	rational, reasonable
3. 有效	yǒuxiào	efficient
4. 货架	huòjià	display shelf
5. 挑选	tiāoxuǎn	choose
6. 数据库	shùjùkù	databank
7. 详细	xiángxì	in detail
8. 分类	fēnlèi	categorize
9. 轻松	qīngsōng	easily, in a relaxed way
10. 查询	cháxún	look for, find
11. 节省	jiéshěng	save
12. 场地	chǎngdì	space, place
13. 开支	kāizhī	expense
14. 功能	gōngnéng	function
15. 处理	chǔlǐ	handle, process
16. 统计	tǒngjì	statistics
17. 财务	cáiwù	finance
18. 操作	cāozuò	operation, operate
19. 促进	cùjìn	promote, push
20. 营销	yíngxiāo	business, do business
21. 信息	xìnxī	information
22. 发布	fābù	release
23. 扩大	kuòdà	expand
24. 首选	shǒuxuǎn	first choice, best choice

☞ **Answer the following questions:**

1. A：商业网站的设计应该具备什么特点？

　 B：_____

　　 _____

2. A：一个高质量的商业网站应该包括哪三个方面？

　 B：_____

　　 _____

3. A：网上商店和传统商店用什么不同的方法处理商品？

　 B：_____

　　 _____

4. A：一个商业网站怎样帮助客户轻松地查询商品？

　 B：_____

　　 _____

5. A：网上商店对公司有什么好处？

　 B：_____

　　 _____

6. A：商业网站为什么一定要包括交流功能？

　 B：_____

　　 _____

7. A：为了了解客户需求，商业网站可以用什么方法进行在线调查？

　 B：_____

　　 _____

8. A：为什么商业网站需要有信息发布功能？

　 B：_____

　　 _____

☞ **Compare the differences between a traditional store and an on-line store:**

传统商店	网上商店
可以看到真的商品	

☞ **Discussion:**

你喜欢在网上商店还是传统商店买东西？为什么？

第 **5** 课

审阅财务会计报告

中国长期以来实行计划经济，所以无论是全国统一的会计制度，还是行业性、地区性的会计制度都是由政府有关部门制定的。随着资本市场和贸易的国际化，中国会计制度正逐渐与国际惯例接轨。最近中国已颁布了几项和国际惯例相协调的会计准则。

本课的对话介绍了财务和会计在公司经营中所起的作用，并简述了三种不同的年度财务报告。本课的课文部分是某银行的年度会计报表，使学生得以接触会计专业词汇。

China had implemented a planned economy for many years. Consequently, government departments formulated statewide, industry-wide, and regional accounting systems. With the internationalization of capital and trade, China's accounting system is gradually conforming to the international standard. Recently, China has published several accounting regulations that are in agreement with international practice.

The dialogue of this chapter explains the roles of finance and accounting in business management. It also briefly discusses three different types of the annual financial report. The text is a bank's yearly financial report, which exposes students to technical vocabulary used in accounting.

上图：中国工商银行

Photo: Industrial and Commercial Bank of China

一、对话

(资深会计师张先生今天来学习班讲课，题目是：财务会计报告。)

张先生：刚才我谈到，在公司的经营管理中，财务和会计是非常重要的两部分，大家还有什么问题吗？

玛丽：　张先生，您能不能再总结一下，财务和会计主要包括哪些方面？

张先生：主要包括三个方面：一是管理资产和投资，二是管理负债和股东的资本，三是考核财务计划、财务控制和财务成绩。一个管理良好的公司每年都应该公布财务会计报告。

玛丽：　请问，年度财务会计报告就是资产负债表吧？

张先生：对，但是资产负债表只是其中的一种，年度财务报告还包括损益表和财务状况变动表。

大卫：　资产负债表的内容不是包括了公司的赢余和亏损吗？这跟损益表有什么不同？

张先生：这个问题问得好。主要是重点有所不同。损益表的重点是要反映一家公司的经营效果和投资效率，所以也可以称为利润表或者收益表。

玛丽：　那么财务状况变动表的目的是什么呢？

大卫：　刚才张先生说了，目的是要让大家知道，在一年内，公司流动资金的来源，流动资金的运用，以及各项流动资金的增减情况。这有点儿像你个人账户的总结，你的钱从哪儿来，花到哪儿去了，帐上还剩多少。张先生，我说得对不对？

张先生：不错，可是还得补充一点，不只是现在帐上还剩多少，还应该说明跟一年以前相比，发生了哪些变化，增加了还是减少了。

王老师：我看，时间不早了，我们就不要耽误张先生的宝贵时间了。非常感谢张先生来讲课。课后请大家再看看各种财务会计报表，就可以更了解财务会计报告的形式了。

一、對話

（資深會計師張先生今天來學習班講課，題目是：財務會計報告。）

張先生：剛才我談到，在公司的經營管理中，財務和會計是非常重要的
　　　　兩部分，大家還有甚麼問題嗎？

瑪麗：　張先生，您能不能再總結一下，財務和會計主要包括哪些方
　　　　面？

張先生：主要包括三個方面：一是管理資產和投資，二是管理負債和股
　　　　東的資本，三是考核財務計劃、財務控制和財務成績。一個管
　　　　理良好的公司每年都應該公佈財務會計報告。

瑪麗：　請問，年度財務會計報告就是資產負債表吧？

張先生：對，但是資產負債表只是其中的一種，年度財務報告還包括損
　　　　益表和財務狀況變動表。

大衛：　資產負債表的內容不是包括了公司的贏餘和虧損嗎？這跟損益
　　　　表有甚麼不同？

張先生：這個問題問得好。主要是重點有所不同。損益表的重點是要反
　　　　映一家公司的經營效果和投資效率，所以也可以稱為利潤表或
　　　　者收益表。

瑪麗：　那麼財務狀況變動表的目的是甚麼呢？

大衛：　剛才張先生說了，目的是要讓大家知道，在一年內，公司流動
　　　　資金的來源，流動資金的運用，以及各項流動資金的增減情
　　　　況。這有點兒像你個人賬戶的總結，你的錢從哪兒來，花到哪
　　　　兒去了，帳上還剩多少。張先生，我說得對不對？

張先生：不錯，可是還得補充一點，不只是現在賬上還剩多少，還應該
　　　　說明跟一年以前相比，發生了哪些變化，增加了還是減少了。

王老師：我看，時間不早了，我們就不要耽誤張先生的寶貴時間了。非
　　　　常感謝張先生來講課。課後請大家再看看各種財務會計報表，
　　　　就可以更瞭解財務會計報告的形式了。

二、课文

某银行1999年度会计报表
单位：人民币万元

项目	1999年	1998年
利润总额	82,100.04	100,689.26
净利润	74,780.22	83,097.88
营业利润	2,391.44	5,734.47
投资收益	79,681.74	89,358.97
总资产	7,653,155.95	5,888,928.02
流动资产	4,897,961.87	3,967,408.95
长期资产	2,534,324.97	1,760,420.86
其他资产	220,869.11	161,098.21
流动负债	5,471,361.85	4,203,889.85
长期负债	1,763,596.05	1,303,451.69
股东权益	418,198.05	381,586.48
现金及等价物净增额	724,186.58	400,213.64
实收资本	160,562.70	176,618.97
每股收益(元)	0.4657	0.4705
每股净资产 (元)	2.6046	2.1605
净资产收益率%	17.88	21.78
平均净资产收益率%	18.70	23.26

二、課文

某銀行1999年度會計報表
單位：人民幣萬元

項目	1999年	1998年
利潤總額	82,100.04	100,689.26
淨利潤	74,780.22	83,097.88
營業利潤	2,391.44	5,734.47
投資收益	79,681.74	89,358.97
總資產	7,653,155.95	5,888,928.02
流動資產	4,897,961.87	3,967,408.95
長期資產	2,534,324.97	1,760,420.86
其他資產	220,869.11	161,098.21
流動負債	5,471,361.85	4,203,889.85
長期負債	1,763,596.05	1,303,451.69
股東權益	418,198.05	381,586.48
現金及等價物淨增額	724,186.58	400,213.64
實收資本	160,562.70	176,618.97
每股收益(元)	0.4657	0.4705
每股淨資產(元)	2.6046	2.1605
淨資產收益率%	17.88	21.78
平均淨資產收益率%	18.70	23.26

三、生词（生詞）

✎ 对话（對話）

1.	资深	資深	zīshēn	A	experienced
2.	财务	財務	cáiwù	N	finance
3.	资产	資產	zīchǎn	N	assets, capital
4.	投资	投資	tóuzī	N/VO	investment, invest
5.	负债	負債	fùzhài	N	liability
6.	股东	股東	gǔdōng	N	shareholder
7.	考核	考核	kǎohé	V	examine, assess
8.	控制	控制	kòngzhì	N/V	control
9.	成绩	成績	chéngjī	N	achievement, result
10.	公布	公佈	gōngbù	V	publicize, publish
11.	损益	損益	sǔnyì	N	losses and gains
12.	变动	變動	biàndòng	N/V	change
13.	赢余	贏餘	yíngyú	N	gain
14.	亏损	虧損	kuīsǔn	N/V	loss, lose
15.	效果	效果	xiàoguǒ	N	effect, result
16.	效率	效率	xiàolǜ	N	efficiency
17.	流动	流動	liúdòng	V	flow
18.	账户	賬戶	zhànghù	N	account
19.	剩	剩	shèng	V	remain, be left
20.	补充	補充	bǔchōng	V	add
21.	耽误	耽誤	dānwù	V	hold up, delay
22.	宝贵	寶貴	bǎoguì	A	precious

✎ **课文 (課文)**

23.	报表	報表	bàobiǎo	N	report
24.	单位	單位	dānwèi	N	unit, (working) unit
25.	项目	項目	xiàngmù	N	item
26.	收益	收益	shōu yì	N	earnings, proceeds
27.	权益	權益	quán yì	N	equity
28.	现金	現金	xiànjīn	N	cash
29.	等价物	等價物	děngjià wù	N	equivalent
30.	增额	增額	zēng'é	N	increase (amount)
31.	实收	實收	shíshōu	A	received, materialized

四、语法练习 (語法練習)

> 称为
> **name...as..., call...as...**

It is often used in written Chinese.

Examples:

1. 损益表也可以称为利润表或收益表。

   損益表也可以稱為利潤表或收益表。

   The report of losses and gains can also be called as profit report or earnings report.

2. 有人把上海称为中国改革的龙头。

   有人把上海稱為中國改革的龍頭。

   Some have named Shanghai as the dragonhead of China's reforms.

3. 通过网络进行商业活动被称为电子商务。

   通過網絡進行商業活動被稱為電子商務。

   Doing business through the Internet is labeled as E-commerce.

4. 在中文报纸上，世界贸易组织常常被简称为世贸。

   在中文報紙上，世界貿易組織常常被簡稱為世貿。

   In Chinese-language newspapers, the World Trade Organizations is often abbreviated to WTO.

➜ **Paraphrase the following sentences by using** 称为：

1. 北京被看作是中国的政治和文化中心。

   北京被看作是中國的政治和文化中心。

   _____

2. 有些人把手机叫作移动电话。

   有些人把手機叫作移動電話。

   _____

五、综合练习

I. Vocabulary Practice:

☞ **Translate the following accounting terms into English:**

1. 会计报表＿＿＿＿＿＿＿＿＿＿＿＿＿＿＿＿＿＿＿＿＿
2. 资产负债表＿＿＿＿＿＿＿＿＿＿＿＿＿＿＿＿＿＿＿
3. 年度报告＿＿＿＿＿＿＿＿＿＿＿＿＿＿＿＿＿＿＿＿
4. 资产＿＿＿＿＿＿＿＿＿＿＿＿＿＿＿＿＿＿＿＿＿＿
5. 负债＿＿＿＿＿＿＿＿＿＿＿＿＿＿＿＿＿＿＿＿＿＿
6. 权益＿＿＿＿＿＿＿＿＿＿＿＿＿＿＿＿＿＿＿＿＿＿
7. 收益＿＿＿＿＿＿＿＿＿＿＿＿＿＿＿＿＿＿＿＿＿＿
8. 利润＿＿＿＿＿＿＿＿＿＿＿＿＿＿＿＿＿＿＿＿＿＿
9. 资本＿＿＿＿＿＿＿＿＿＿＿＿＿＿＿＿＿＿＿＿＿＿
10. 投资＿＿＿＿＿＿＿＿＿＿＿＿＿＿＿＿＿＿＿＿＿
11. 总额＿＿＿＿＿＿＿＿＿＿＿＿＿＿＿＿＿＿＿＿＿
12. 现金＿＿＿＿＿＿＿＿＿＿＿＿＿＿＿＿＿＿＿＿＿
13. 盈余＿＿＿＿＿＿＿＿＿＿＿＿＿＿＿＿＿＿＿＿＿
14. 合计＿＿＿＿＿＿＿＿＿＿＿＿＿＿＿＿＿＿＿＿＿

☞ **With reference to the text, translate the following accounting terms into Chinese:**

1. current assets＿＿＿＿＿＿＿＿＿＿＿＿＿＿＿＿＿
2. current liabilities＿＿＿＿＿＿＿＿＿＿＿＿＿＿＿＿
3. net profit＿＿＿＿＿＿＿＿＿＿＿＿＿＿＿＿＿＿＿
4. business profit＿＿＿＿＿＿＿＿＿＿＿＿＿＿＿＿＿
5. investment income＿＿＿＿＿＿＿＿＿＿＿＿＿＿＿
6. net income＿＿＿＿＿＿＿＿＿＿＿＿＿＿＿＿＿＿
7. shareholders' equity＿＿＿＿＿＿＿＿＿＿＿＿＿＿
8. cash and equivalent＿＿＿＿＿＿＿＿＿＿＿＿＿＿

9. the increased amount_____

10. total assets_____

11. total income_____

12. income per share_____

13. average income_____

14. capital_____

II. Based on the dialogue, decide if the following statements are true or false:

T 1. 财务和会计是公司经营管理中的两个重要部分。

T/F 2. 公司的财务只包括管理和考核两个功能。

F 3. 年度财务会计报告只有资产负债表这一种形式。

T 4. 有人把损益表称为利润表或者收益表。

F 5. 财务状况变动表的重点是说明一个公司的盈余和亏损。

T 6. 财务状况变动表应该反映出一个公司目前和以前的财务状况有哪些不同。

III. Read the accounting report and answer the questions:

某保险公司

1999年度利润表

货币单位: 人民币元

收入项	1999年	1998年	1997年
保费收入	1,058,705,602	1,181,975,400	1,385,967,155
利息收入	24,220,751	3,009,666	3,991,346
投资收益	185,394,696	304,876,990	199,479,310
其它收入	165,255	814,173	1,390,489
小计	**1,268,486,304**	**1,490,676,229**	**1,590,828,300**
支出项			
各种支付	585,016,642	1,071,264,972	174,784,109
手续费及佣金支出	46,637,542	48,584,260	53,129,887

营业费用	137,915,787	143,075,142	60,690,198
税金支出	609,983	1,499,111	125,013
其它支出	93,671,777	16,544,825	15,192,957
责任准备金提转差	401,368,374	175,667,510	1,174,108,266
以前年度损益调整	-	15,856,192	-
小计	**1,265,220,105**	**1,472,492,012**	**1,478,030,430**
税前利润	3,266,199	18,184,217	112,797,870
所得税	-	-	-
净利润	**3,266,199**	**18,184,217**	**112,797,870**

生词：

1. 利润	lìrùn	profit
2. 保费	bǎofèi	insurance premium
3. 手续费	shǒuxù fèi	service charge
4. 佣金	yòngjīn	commission
5. 税金	shuìjīn	tax
6. 责任准备金	zérèn zhǔnbèi jīn	guaranteed (insurance) payment
7. 提转差	tí zhuǎn chā	balance
8. 调整	tiáozhěng	adjustment

☞ **Answer the following questions:**

1. 这是什么报表？

_____

_____

_____

2. 这是一个什么样的公司？

_____

_____

_____

3. 这个报表有哪三个主要的项目？

_____

_____

_____

4. 公司的主要收入有哪几项？

_____

_____

_____

5. 公司最大的支出是哪一项？

_____

_____

_____

6. 公司在1997到1999年之间，哪年的利润最高？

_____

_____

_____

☞ **Do you know how to say these terms in Chinese?**

1. Insurance Premium Income

2. Handling and Commission Expenses

3. Tax Expenses

4. Increase in Policy Reserves

5. Adjustments of Previous Years

6. Operating Expenses

7. Income Tax

8. Earnings Before Tax

9. Investment Income

10. Interest Income

IV. Listening Comprehension: (disc 1 track 20)

For script of the listening exercise, see Appendix A

(The following balance sheet is to accompany the listening comprehension exercise.)

某公司资产负债表
截至2000年及1999年12月31日止年度
（金额均以人民币千元为单位）

	2000年	1999年
资产		
非流动资产	6,986,470	6,075,524
流动资产	2,173,453	2,777,281
资产总额	9,159,923	8,852,805
股东权益与负债		
股本与储备	5,730,372	5,585,053
非流动负债	1,642,990	1,665,030
流动负债	1,786,561	1,602,722
负债总额	3,429,551	3,267,752
股东权益及负债总额	9,159,923	8,852,805

☞ **Based on the dialogue you have heard, decide if the following statements are true or false:**

___ 1. 资产负债表是年度财务报表的一种。

___ 2. 资产负债表反映了一家公司的财务历史。

___ 3. 资产负债表的基本形式是：资产=负债+股东权益。

___ 4. 资产总额和负债总额应该是平衡的。

六、补充练习

Read the following balance sheet of an insurance company and answer the questions:

某人寿保险公司资产负债表

1999年12月31日

货币单位：人民币元

资产表1999年	
货币资金	855,069,711
应收款	44,777,742
投资	1,199,630,756
固定资产	575,542,629
延递资产	33,809,180
其他资产	82,116,918
合计	**2,790,946,936**
负债及所有者权益	
应付款	28,340,461
预付保费	65,174,672
各种准备金	2,005,276,725
保险保障基金	28,410,439
保户储金	267,700
其他负债	32,304,641
实收资本	500,000,000
资本公积	57,125
盈余公积	117,046,470
未分配利润	14,068,703
合计	**2,790,946,936**

☞ **Match the Chinese terms with English terms:**

1. 其他资产　　　　　　　___ A. other liabilities

2. 货币资金　　　　　　　___ B. profit surplus

3. 应收款　　　　　　　　___ C. cash and deposits

4. 保户　　　　　　　　　___ D. accounts payable

5. 应付款　　　　　　　　___ E. accounts receivable

6. 盈余公积　　　　　　　___ F. reserves

7. 各种准备金　　　　　　___ G. insurance premiums

8. 固定资产　　　　　　　___ H. other assets

9. 其他负债　　　　　　　___ I. insurance policy holders

10. 未分配利润　　　　　　___ J. insurance guarantee fund

11. 保费　　　　　　　　　___ K. fixed assets

12. 保险保障基金　　　　　___ L. retained earnings

第 6 课

银行业务

中国银行业以国有商业银行为主，并有民营、外资等其他银行。2004年中国共有各类注册银行3.5万多家，以及400家外资银行营业机构和代表处。中国最大的几家银行是：中国银行、工商银行、农业银行、建设银行、交通银行等。银行主要经营个人业务、公司业务、投资业务、网上业务、外汇业务、信用卡业务和结算业务。

本课的对话发生于某家银行。学生在参观银行时，听取了有关银行业务的介绍。课文则基于该家银行印发的小册子，进一步描述了银行业务项目。

In China's banking industry, the majority are state-owned commercial banks. There are also some non-state banks with individual or foreign ownership. In 2004, China has more than 35,000 registered Chinese banks and over 400 foreign banking operations and branches. The largest banks in China are: Bank of China, Industrial and Commercial Bank, Agriculture Bank, Construction Bank and Bank of Communications. Their main business includes: personal banking, corporate banking, investment banking, e-banking, foreign exchange, credit card and settlement services.

The dialogue of this chapter takes place in a bank. During a site visit, students are given an explanation of banking business. The text is based on the bank brochure, which further describes the business services provided by the bank.

上图：中国银行
Photo: Bank of China

一、对话

该了 (jiē)

（今天学习班师生来到上海某开发银行参观，由该行公共关系处的白小姐陪同大家。）

白小姐：我们银行是1993年正式开业的股份制商业银行，银行的总部设在上海，服务网络遍布全国，在各主要大中城市拥有270家分支机构。

玛丽：　你们提供哪些金融服务？

白小姐：我们银行的业务主要分三方面：公司金融、个人金融、会计业务。

玛丽：　你能详细介绍一下吗？
xiáng xì
detailed

白小姐：行。我们的主营业务是：各种形式的存款和贷款、发行金融债券、买卖政府债券、办理国内外结算和单据、人民币信用卡业务等等。总之，经营业务的范围比较广，这是有关银行业务的一些资料，你们看了以后，对我们的业务会更了解。

大卫：　你刚才提到，你们提供人民币信用卡的业务，现在中国有哪些主要的信用卡呢？

白小姐：种类相当多，主要的有本银行发行的东方卡、中国工商银行的牡丹卡、中国银行的长城卡等。
mǔ dan

大卫：　你们没有国外发行的信用卡业务吗？

白小姐：事实上，我们银行最近和美国的花旗银行建立了战略合作伙伴关系，并签署了信用卡合作协议。

玛丽：　我还有一个问题，近年来，网上银行发展得很快，你们也提供网上服务吗？

白小姐：我们的网上银行还在起步阶段，目前只能为上海地区的客户提供365
　　　　天24小时的网上查询服务。能享受网上服务的是企业用户和持有东
　　　　方卡的个人用户。他们可以上网查询自己的账户和账单。

玛丽：　谢谢你的介绍，我们了解了不少关于你们银行的情况。

一、對話

(今天學習班師生來到上海某開發銀行參觀，由該行公共關係處的白小姐陪同大家。)

白小姐：我們銀行是1993年正式開業的股份制商業銀行，銀行的總部設在上海，服務網路遍佈全國，在各主要大中城市擁有270家分支機構。

瑪麗：　你們提供哪些金融服務？

白小姐：我們銀行的業務主要分三方面：公司金融、個人金融、會計業務。

瑪麗：　你能詳細介紹一下嗎？

白小姐：行。我們的主營業務是：各種形式的存款和貸款、發行金融債券、買賣政府債券、辦理國內外結算和單據、人民幣信用卡業務等等。總之，經營業務的範圍比較廣，這是有關銀行業務的一些資料，你們看了以後，對我們的業務會更瞭解。

大衛：　你剛才提到，你們提供人民幣信用卡的業務，現在中國有哪些主要的信用卡呢？

白小姐：種類相當多，主要的有本銀行發行的東方卡、中國工商銀行的牡丹卡、中國銀行的長城卡等。

大衛：　那麼，你們沒有國外發行的信用卡業務嗎？

白小姐：事實上，我們銀行最近和美國的花旗銀行建立了戰略合作夥伴關係，並簽署了信用卡合作協議。

瑪麗：　我還有一個問題，近年來，網上銀行發展得很快，你們也提供網上服務嗎？

白小姐：我們的網上銀行還在起步階段，目前只能為上海地區的客戶提供365天24小時的網上查詢服務。能享受網上服務的是企業用戶和持有東方卡的個人用戶。他們可以上網查詢自己的賬戶和賬單。

瑪麗：　謝謝你的介紹，我們瞭解了不少關於你們銀行的情況。

二、课文

银行业务介绍

公司金融	个人金融	会计业务
单位人民币活期存款	人民币储蓄	一、票据结算
单位外汇活期存款	外币储蓄	银行汇票
单位人民币定期存款	教育储蓄	商业汇票
单位外汇定期存款	东方卡	单位支票
单位人民币协定存款	消费贷款	个人支票
保险公司协议存款	留学贷款	二、其他结算
流动资金贷款	助学贷款	汇兑
项目贷款	个人小额抵押贷款	托收承付
银行承兑汇票	个人住房组合贷款	委托收款
进出口信用证	汽车贷款	贷记办法
进出口押汇	医疗贷款	联行汇划清算系统
代客外汇买卖	旅游贷款	
代客外汇债务风险	车房组合贷款	
代客外汇资产管理	保管箱	
单位人民币委托贷款	中间业务	
公司客户资信调查业务	电话银行	
单位担保业务	个人外汇业务	
证券公司股票质押贷款		
贴现业务		
监理业务		

二、課文

銀行業務介紹

公司金融	個人金融	會計業務
單位人民幣活期存款	人民幣儲蓄	一、票據結算
單位外匯活期存款	外幣儲蓄	銀行匯票
單位人民幣定期存款	教育儲蓄	商業匯票
單位外匯定期存款	東方卡	單位支票
單位人民幣協定存款	消費貸款	個人支票
保險公司協議存款	留學貸款	二、其他結算
流動資金貸款	助學貸款	匯兌
項目貸款	個人小額抵押貸款	托收承付
銀行承兌匯票	個人住房組合貸款	委託收款
進出口信用證	汽車貸款	貸記辦法
進出口押匯	醫療貸款	聯行匯劃清算系統
代客外匯買賣	旅遊貸款	
代客外匯債務風險	車房組合貸款	
代客外匯資產管理	保管箱	
單位人民幣委托貸款	中間業務	
公司客戶資信調查業務	電話銀行	
單位擔保業務	個人外匯業務	
證券公司股票質押貸款		
貼現業務		
監理業務		

三、生词(生詞)

✐ 对话(對話)

1.	公共关系	公共關係	gōnggòng guānxī	N	public relations
2.	开业	開業	kāiyè	VO	open for business
3.	股份制	股份制	gǔfènzhì	N	joint-stock system
4.	总部	總部	zǒngbù	N	headquarter
5.	遍布	遍佈	biànbù	V	spread all over
6.	分支	分支	fēnzhī	N	branch
7.	发行	發行	fāxíng	V	issue, publish
8.	存款	存款	cúnkuǎn	N	deposit, savings
9.	贷款	貸款	dàikuǎn	N/V	loan
10.	金融	金融	jīnróng	N	finance
11.	债券	債券	zhàiquàn	N	bond
12.	结算	結算	jiésuàn	V	settle accounts, balance
13.	战略	戰略	zhànlüè	N	strategy
14.	合作	合作	hézuò	N/V	cooperation, cooperate
15.	签署	簽署	qiānshǔ	V	sign
16.	起步	起步	qǐbù	VO	start
17.	阶段	階段	jiēduàn	N	stage, phase, period
18.	查询	查詢	cháxún	V	inquire about

✐ 课文(課文)

19.	人民币	人民幣	Rénmín Bì	N	RMB (Chinese currency)
20.	活期	活期	huóqī	N	current
21.	定期存款	定期存款	dìngqī cúnkuǎn	N	time deposit, CD

22.	协定存款	協定存款	xiédìng cúnkuǎn	N	deposit under special agreement
23.	汇票	匯票	huìpiào	N	bank draft, money order
24.	支票	支票	zhīpiào	N	check
25.	票据	票據	piàojù	N	(business) document
26.	承兑	承兌	chéngduì	V	accept, honor
27.	押汇	押匯	yāhuì	N	security deposit
28.	代客	代客	dài kè	VO	on behalf of the customer
29.	债务	債務	zhàiwù	N	debt, liability
30.	资信	資信	zīxìn	N	credit (history)
31.	担保	擔保	dānbǎo	N/V	guarantee, sponsor
32.	质押	質押	zhìyā	N	collateral
33.	贴现	貼現	tiē xiàn	VO	discount, time discount
34.	监理	監理	jiānlǐ	V	control, manage
35.	消费	消費	xiāofèi	N/V	consumption, consume
36.	助学	助學	zhù xué	VO	education aid (student loan)
37.	抵押	抵押	dǐyā	N	guaranty, mortgage
38.	组合	組合	zǔhé	N	combination
39.	医疗	醫療	yīliáo	N	medical care
40.	旅游	旅遊	lǚyóu	V	travel
41.	保管箱	保管箱	bǎoguǎn xiāng	N	safety deposit box
42.	汇兑	匯兌	huìduì	V	transfer, exchange
43.	托收	托收	tuōshōu	N/V	collection, collect
44.	承付	承付	chéngfù	V	honor to pay
45.	收款	收款	shōu kuǎn	VO	collect payment
46.	贷记	貸記	dàijì	VO	keep record of a loan

47.	联行	聯行	liánháng	N	inter-bank
48.	汇划	匯劃	huìhuá	VO	transfer funds
49.	清算	清算	qīngsuàn	V	settle, clear (accounts)

Proper Nouns

1.	东方卡	東方卡	Dōngfāng Kǎ	Orient Card (a credit card)
2.	牡丹卡	牡丹卡	Mǔdān Kǎ	Peony Card (a credit card)
3.	长城卡	長城卡	Chángchéng Kǎ	Great Wall Card (a credit card)
4.	工商银行	工商銀行	Gōngshāng Yínháng	Industrial and Commercial Bank
5.	花旗银行	花旗銀行	Huāqí Yínháng	City Bank

四、语法练习 (語法練習)

一、该

this, that, the said, the above-mentioned

It is usually used in written Chinese.

Examples:

1. 王府井外文书店是北京最大的外文书店。该书店有100多位员工。

   王府井外文書店是北京最大的外文書店。該書店有100多位員工。

   Wangfujin Foreign Language Bookstore is the largest foreign language bookstore in Beijing. This bookstore has more than 100 employees.

2. 新世纪中学是一家私立学校。该校聘用了十几位外籍教师。

   新世紀中學是一家私立學校。該校聘用了十幾位外籍教師。

   The New Century Middle School is a private school. This school has hired more than ten foreign teachers.

3. 王明是东方电子厂厂长。该厂是1989年建立的。

   王明是東方電子廠廠長。該廠是1989年建立的。

   Wang Ming is the director of Dongfang Electronic Factory. This factory was established in 1989.

4. 中国人民银行是全国最大的银行之一。该行在全国各地设立了很多分行。

   中國人民銀行是全國最大的銀行之一。該行在全國各地設立了很多分行。

   The People's Bank is one of the largest banks in China. It has set up branches all over the country.

→ **Determine whether 该 can substitute any of the following underlined words or phrase:**

1. 北京西城区有很多家银行和储蓄所。<u>这些</u>银行和储蓄所有各种金融和会计业务。

   北京西城區有很多家銀行和儲蓄所。<u>這些</u>銀行和儲蓄所有各種金融和會計業務。

2. 这是本地最大的医院，这个医院有900多张病床。

   這是本地最大的醫院，這個醫院有900多張病床。

3. 那个外语学院的中文系是全院最大的一个系。这个系有200多个学生。

   那個外語學院的中文系是全院最大的一個系。這個系有200多個學生。

4. 《今日中国》是用多种语言发行的杂志。这本杂志还有多种语言的网络版。

   《今日中國》是用多種語言發行的雜誌。這本雜誌還有多種語言的網絡版。

二、占
account for, constitute

Examples:

1. 资讯服务收入占公司营业额的25%。

   資訊服務收入佔公司營業額的25%。

   Income from information services accounts for 25% of the company's business revenue.

2. 在银行的个人储蓄账户中，外汇储蓄占的比例不足三成。

   在銀行的個人儲蓄賬戶中，外匯儲蓄佔的比例不足三成。

   Foreign currency accounts for less than 30% of the bank's individual savings accounts.

→ **Translate the following into English:**

1. 网上交易额占总交易额的百分之二十左右。

   網上交易額佔總交易額的百分之二十左右。

   _____

2. 在公司员工中，女员工的比例占多少？

   在公司員工中，女員工的比例佔多少？

   _____

3. 个人贷款占银行总贷款额的五分之一。

個人貸款佔銀行總貸款額的五分之一。

_____

4. 在他的投资账户中，股票和储蓄各占一半。

在他的投資賬戶中，股票和儲蓄各佔一半。

_____

三、经
via, through

It is usually used in written Chinese, same as 经过 or 通过.

Examples:

1. 经网上交易的股票买卖增加了。

經網上交易的股票買賣增加了。

Trading stocks via the Internet has increased.

2. 经调查，银行发现借款人的资信有问题。

經調查，銀行發現借款人的資信有問題。

Through investigation, the bank found the borrower had credit problems.

➜ **Complete the following sentences:**

1. 经朋友介绍，他_____

經朋友介紹，他_____

2. 经提供网上24小时服务，公司_____

經提供網上24小時服務，公司_____

3. 经我们了解，这家银行_____

經我們瞭解，這家銀行_____

4. 经调查，总裁发现_____

經調查，總裁發現_____

四、高达
reach as high as

Examples:

1. 网上股票成交量高达349,000股。

   網上股票成交量高達349,000股。

   The trading volume on the Internet reached as high as 349,000 shares.

2. 个人住房贷款高达26%。

   個人住房貸款高達26%。

   The individual housing loan reached as high as 26%.

→ **Rewrite the following sentences by using "高达":**

1. 中国南方很多城市人均月收入为800元人民币。

   中國南方很多城市人均月收入為800元人民幣。

   _____

2. 现在美国的就业率是96%。

   現在美國的就業率是96%。

   _____

3. 据统计,日本家庭的储蓄率是家庭收入的三分之一左右。

   據統計,日本家庭的儲蓄率是家庭收入的三分之一左右。

   _____

4. 1999年中国的外汇储蓄是1000亿美元以上。

   1999年中國的外匯儲蓄是1000億美元以上。

   _____

五、综合练习

I. Based on the dialogue and the text, discuss the following questions:

1. 课文介绍的开发银行有哪三大业务？

2. 这家银行有几种个人储蓄？

3. 这家银行提供哪些公司贷款项目和个人贷款项目？

4. 对于进出口，该开发银行有没有相关服务？

5. 该开发银行有哪些支票和汇票服务？

6. 该银行提供会计服务吗？

7. 这家开发银行有哪些业务你自己的银行没有？

8. 你自己的银行有哪些业务这家开发银行没有？

II. Vocabulary Practice:

☞ **Translate the following banking phrases into English:**

1. 活期存款 _____

2. 活期储蓄 _____

3. 定期存款 _____

4. 定期储蓄 _____

5. 定期收款 _____

6. 外币存款 _____

7. 人民币存款 _____

8. 协定存款 _____

9. 外汇储蓄 _____

10. 人民币储蓄 _____

11. 教育储蓄 _____

12. 资产管理 _____

13. 外汇管理 _____

14. 进出口管理 _____

15. 住房贷款 _____

16. 项目贷款 _____

17. 个人贷款 _____

18. 企业贷款 _____

19. 股票质押 _____

20. 小额抵押 _____

21. 住房抵押 _____

22. 出口押汇 _____

23. 进口押汇 _____

☞ **Translate the following banking phrases into Chinese:**

1. student loan _____

2. housing and motor vehicle combination loan _____

3. loan for overseas studies _____

4. combination loan _____

5. mortgage loan (secured loan) _____

6. bank draft _____

7. personal check _____

8. business check _____

9. collection _____

10. accept to pay _____

11. collect payment _____

12. banking by telephone _____

13. liability risk _____

14. investigate a company's credit _____

III. Read the following article and fill out the fact sheet with correct information:

中国外汇存款超过1200亿美元

华声报讯北京十五日消息：中国人民银行最新统计数据，今年中国外汇存款持续增加。截至十月末，外汇各项存款额达一千二百二十六点八亿美元，比去年同期增长百分之二十二点八。一至十月份，中国外汇各项存款累计增加一百九十四点八亿美元，比去年同期多增加七十八点七亿美元。其中十月份增加二十二点六亿美元，比去年同期多增加四点七亿美元。十月末，企业外汇存款额为四百四十一点五亿美元，比去年同期增长百分之十一点九。今年前十个月累计增加四十二点九亿美元，比去年同期多增加三十二点七亿美元。其中十月份当月增加六点一亿美元，比去年同期多增加二点四亿美元。居民外汇储蓄存款额到十月末为六百九十九点二亿美元，比去年同期增长百分之三十二点五。前十个月累计增加一百四十五点七亿美元，比去年同期多增加三十点七亿美元。其中十月份增加十五点九亿美元，比去年同期多增加二点六亿美元。十月末，各项外汇贷款额为六百四十三点九亿美元，比年初下降四十四点七亿美元，其中短期贷款额为二百二十四亿美元，比年初下降二十八点六亿美元，中长期贷款额二百四十二点三亿美元，比年初下降十五点八亿美元。

©《华声报》电子版2000

生词：

| 1. 截止 | jiézhǐ | up to |
| 2. 累计 | lěijì | accumulative total |

☞ **Fill out the fact sheet with correct information:**

中国各项外汇存款贷款额（**2000年10月31日**）（货币单位：美元）

	2000年10月	2000年1－10月累计增加	变化率（与1999年10月相比）
各项外汇存款额			+22.8%
企业外汇存款额		4.29 billion	
居民外汇存款额			
各项外汇贷款额		—	—

IV. Read the following article, complete the phrases exercises, and answer the comprehension questions.

中国工商银行支持高新技术产业发展

华声报讯：日前，中国工商银行对中国国家计委推荐的二十九个2000年高新技术产业化国债项目出具了贷款承诺，贷款总额达十三点三亿元人民币。贷款主要投向信息产业化、生物工程等领域，均属国家优先发展的高科技领域。据悉，截止到今年九月，中国工商银行科技开发贷款余额已达二百多亿元。工商银行此次贷款承诺，将发挥商业银行贷款对高新技术产业的支持作用，进一步提高高新技术产业贷款占该行全部贷款的比重，有利于促进调整信贷结构，提高资产质量和经营效益。

©《华声报》电子版

生词：

1.	国债	guózhài	national debt, savings bonds
2.	承诺	chéngnuò	acceptance
3.	生物工程	shēngwù gōngchéng	bio-engineering
4.	领域	lǐngyù	field
5.	优先	yōuxiān	priority
6.	发挥	fāhuī	display
7.	作用	zuòyòng	role, function
8.	比重	bǐzhòng	proportion
9.	促进	cùjìn	promote
10.	效益	xiàoyì	profit

☞ **Match the English phrases with the Chinese phrases:**

1. national debt	___ A. 提高资产质量
2. high technology and new technology	___ B. 调整信贷结构
3. raise the effectiveness of management	___ C. 投向
4. commercial bank	___ D. 国债
5. industrialization of information	___ E. 高新技术
6. invest in	___ F. 技术贷款比重
7. technology development	___ G. 优先发展
8. proportion of technology loan	___ H. 商业银行
9. adjust the credit structure	___ I. 提高经营效益
10. bioengineering	___ J. 科技开发
11. priority in development	___ K. 信息产业化
12. raise the asset quality	___ L. 生物工程

☞ **Choose the correct answer:**

1. 工商银行的贷款是为了发展：
    A. 传统工业
    B. 信息工业
    C. 生物工程
    D. 高新技术产业　　　　　　　　　　　　　　　____

2. 文章说，国家优先发展的领域是：
    A. 高科技
    B. 商业贷款
    C. 商业银行
    D. 信息工业　　　　　　　　　　　　　　　　　____

3. 工商银行的贷款承诺将 (choose all that apply)

    A. 提高资产质量和经营效益

    B. 增大贷款额二百多亿元

    C. 提高高新技术贷款占全部贷款的比重

    D. 支持中国高新技术的发展

4. 工商银行已经向高新科技产业贷款

    A. 十三点三亿人民币

    B. 二百十三点三亿人民币

    C. 二十九个贷款项目需要的人民币

    D. 二百多亿人民币

V. Listening Comprehension: (disc 1 track 24)

For script of the listening exercise, see Appendix A

1. What type of loans does the bank not offer?

2. Where can you get foreign currency services?

3. What are the business hours of the bank?

4. What type of 24-hour services does the bank provide?

5. Does the bank allow customers to access their bank accounts via the Internet?

_____

_____

VI. Writing Exercise:

☞ **Look for information about a bank, and write a short description (approximately 150 words) about the services that the bank offers.**

_____

_____

_____

_____

_____

_____

_____

_____

_____

_____

六、补充练习

I. Read the following article, decide if the statements are true or false and translate the underlined sentences into English:

银行卡全国城市联网年底完成

华声报讯：到目前为止，已实现了工商银行、交通银行、上海浦东发展银行、广东发展银行和招商银行5家商业银行和杭州、上海、厦门、大连、北京、天津、深圳等10个城市银行卡中心与全国银行卡总中心的联网，其它银行和城市中心也将在年底实现联网。

随着联网的深入，跨行交易迅速增长，今年1－9月份完成跨行交易1.2亿多万笔，比去年同期增长136％。据统计，今年1－9月份银行卡交易总额为2.7万多亿元，较去年同期增长63％。截至9月份底，全国可以受理银行卡的银行网点已有13万个，可以受理银行卡的商店、宾馆、饭店等特约商户10多万户，各家金融机构自动柜员机3.7万多台，销售终端机近29万台。

©《华声报》电子版

生词：

1. 联网	lián wǎng	network, connected by net
2. 深入	shēnrù	deepen
3. 跨行	kuà háng	inter-bank
4. 特约	tè yuē	by special agreement
5. 金融机构	jīnróng jīgòu	financial institution
6. 自动柜员机	zìdòng guìyuán jī	ATM
7. 终端机	zhōngduān jī	terminal

☞ **Decide if the statements are true or false:**

___ 1. 这篇文章报道说，中国有五家商业银行目前已经实现了联网。

___ 2. 中国每个城市的银行卡中心都和全国银行卡总中心联网了。

___ 3. 银行卡的联网使跨行交易快速增长。

___ 4. 今年1−9月的跨行交易量是去年同期的一倍多。

___ 5. 今年1−9月的跨行交易额也比去年同期增加了一倍。

___ 6. 目前全国有10万个受理银行卡的银行网点。

___ 7. 目前中国的商店、宾馆、饭店都能受理银行卡。

___ 8. 这篇文章说，有些金融机构已经有了自动柜员机和销售终端机。

☞ **Translate the underlined sentences into English:**

1. 随着联网的深入，跨行交易迅速增长，今年1−9月份完成跨行交易1.2亿多万笔，比去年同期增长136%。

_____

_____

_____

_____

2. 截至9月份底，全国可以受理银行卡的银行网点已有13万个，可以受理银行卡的商店、宾馆、饭店等特约商户10多万户，各家金融机构自动柜员机3.7万多台，销售终端机近29万台。

_____

_____

_____

_____

II. Read the following passage, and choose the best answer:

工商银行将为外资银行代理支付结算业务

新华社上海8月10日电（记者汪洪洋）　中国工商银行今天在浦东陆家嘴金融区与11家外资、中外合资银行签订支付结算业务代理协议。

这些已进入我国开展业务的银行是：香港汇丰银行、花旗银行、东京三菱银行、法国东方汇理银行，等。

按照协议，中国工商银行今后将为这些银行办理代理签发银行汇票和代理异地资金汇划业务。

©《人民日报》网络版

生词：

1. 代理	dàilǐ	act as an agent
2. 金融区	jīnróng qū	financial district
3. 协议	xiéyì	agreement
4. 异地	yìdì	different location
5. 汇划	huì huà	transfer fund

☞ **Choose the best answer:**

1. 这段文章的主要内容是：

    A. 介绍工商银行

    B. 介绍银行服务

    C. 介绍工商银行和外资、合资银行的合作

    D. 介绍上海浦东

2. 从这段文章可以看出：

    A. 中国现在没有外资、合资银行。

    B. 中国一共有11家外资、合资银行。

    C. 中国的外资银行都来自亚洲国家和地区。

    D. 中国现在有外资、合资银行。

3. 下面哪一种情况不是事实：

   A. 工商银行代理11家外资、合资银行办理支付。

   B. 工商银行代理11家外资、合资银行办理异地资金汇划。

   C. 工商银行代理11家外资、合资银行签发银行汇票。

   D. 这11家银行都还没有进入中国，所以需要工商银行的代理服务。＿＿＿

第 7 课

股票市场

在短短的14年中，中国股市已经成为亚洲第三大股市。目前上市公司有1,300多家，股市实收资本高达4万多亿元 (4,830亿美元)。中国股市分A股市场和B股市场。原先，A股市场是为境内投资，B股市场是为境外外汇投资设立的证券市场。A股市场的规模远远大于B股市场，约占股市交易额的百分之九十五。中国目前已经开放了B股市场，以吸引境内的外汇投资。

本课对话介绍了中国股市投资的情况，并提醒学生注意中美在报告股市行情时的不同。课文则是一篇报刊文章，描述了美国股市某一交易日的走势。

In only 14 years, China's stock market has developed into Asia's third biggest market, with more than 1,300 listed companies, and RMB4 trillion (US$483 billion) of market capitalization. China's stock market is divided into A shares and B shares. Originally, A shares were designed for domestic investment in the local currency and B shares for overseas investment in foreign currencies. The A shares market is much larger than the B shares market, accounting for approximately 95% of total turnover. Currently, China has expanded its B shares to attract foreign currency investment within China.

The dialogue of the chapter is about investing in China's stock market. It draws students' attention to the fact that China reports its stock market developments differently from the US. The text is a newspaper article, which describes the US stock market's activities during a trading day.

上图：一银行的投资服务广告
Photo: Advertisement of a bank's investment service

沪深

一、对话

    （今天学习班的师生去参观上海证券交易所，由交易所的业务员李先生接待他们。）

大卫：   李先生，刚才在交易大厅，我看见在股市走势的显示屏上，用红色显示股值上升，用绿色显示股值下跌，是这样吗？

李先生：是啊。

大卫：   在美国正相反。我们用红色显示下跌的股票，用绿色显示上升的股票。

李先生：那你们在看中国股市的情况时，可得小心，不能只根据颜色来判断股市的上升和下跌。

玛丽：   啊，现在我明白了。有一次，我看到一个新闻标题，深沪股市扯起大红旗，我以为深圳和上海的股市全面下跌，原来是全面上升了。

大卫：   自从来上海后，我常听到人们在谈炒股票。为什么要用"炒"这个字呢？

李先生：这个问题很有意思。你想，炒菜时，厨师总是很快地翻动锅里的菜。"炒股票"这个词就是这么衍生出来的，意思是投资者不断地买进卖出股票。

大卫：   虽然大家都希望在股价下跌的时候买进，在上升的时候卖出，可是很难预测股市的情况，股票投资风险很大。比如美国近几年来经济不景气，股市连续大跌，许多投资者都赔了钱。您觉得中国的股市前景如何？

李先生：从长远来看，中国的经济发展会使中国的股市持续走高，但是在不同阶段，股市一定会有升有降。

玛丽：   您能不能谈一下证券市场和经济之间的关系？

李先生：证券市场是国民经济的晴雨表。按照经济学规律，经济不景气的时候，货币供给量减少，上市公司的收益下跌。在这种情况下，投资者也容易对经济前景感到悲观，从而抛售股票。这些因素都会导致股市下跌。而经济好转的时候，股市往往会反弹，结果也容易造成一些投资者的盲目乐观。

玛丽：　那么您有什么建议吗？

李先生：我个人的看法是，我们应该根据国内生产总值的增长率来预测股市的前景，这比较符合经济学的规律。

大卫：　这么说来，中国最近的国内生产总值增长得相当快，我们都应该买些中国公司的股票了吧？

李先生：你挺有投资头脑的。

一、對話

（今天學習班的師生去參觀上海證券交易所，由交易所的業務員李先生接待他們。）

大衛：　李先生，剛才在交易大廳，我看見在股市走勢的顯示屏上，用紅色顯示股值上升，用綠色顯示股值下跌，是這樣嗎？

李先生：是啊。

大衛：　在美國正相反。我們用紅色顯示下跌的股票，用綠色顯示上升的股票。

李先生：那你們在看中國股市的情況時，可得小心，不能只根據顏色來判斷股市的上升和下跌。

瑪麗：　啊，現在我明白了。有一次，我看到一個新聞標題，深滬股市扯起大紅旗，我以為深圳和上海的股市全面下跌，原來是全面上升了。

大衛：　自從來上海後，我常聽到人們在談炒股票。為甚麼要用"炒"這個字呢？

李先生：這個問題很有意思。你想，炒菜時，廚師總是很快地翻動鍋裏的菜。"炒股票"這個詞就是這麼衍生出來的，意思是投資者不斷地買進賣出股票。

大衛：　雖然大家都希望在股價下跌的時候買進，在上升的時候賣出，可是很難預測股市的情況。股票投資風險很大。比如美國近幾年來經濟不景氣，股市連續大跌，許多投資者都賠了錢。您覺得中國的股市前景如何？

李先生：從長遠來看，中國的經濟發展會使中國的股市持續走高，但是在不同階段，股市一定會有升有降。

瑪麗：　您能不能談一下證券市場和經濟之間的關係？

李先生：證券市場是國民經濟的晴雨錶。按照經濟學規律，經濟不景氣的時候，貨幣供給量減少，上市公司的收益下跌。在這種情況下，投資者也容易對經濟前景感到悲觀，從而拋售股票。這些因素都會導致股市下跌。而經濟好轉的時候，股市往往會反

　　　　彈，結果也容易造成一些投資者的盲目樂觀。

瑪麗：　　那麼您有甚麼建議嗎？

李先生：我個人的看法是，我們應該根據國內生產總值的增長率來預測

　　　　股市的前景，這比較符合經濟學的規律。

大衛：　　這麼說來，中國最近的國內生產總值增長得相當快，我們都應

　　　　該買些中國公司的股票了吧？

李先生：你挺有投資頭腦的。

二、课文

道指暴涨近500点

人民日报网络版华盛顿3月17日电：16日，纽约证交所一开盘，无以数计的股民争相抢购传统工业股，道－琼斯30种工业股票平均价格指数如同"坐上了飞机"，一个劲儿上窜。飞升100、200、300、400点，一直到下午，道指停在了10630.60点。道指全天升幅4.93％，暴涨499.19点，打破了1998年9月8日上升380.53点的纪录，创造了该指数问世100多年以来的最大日升点数。

继上个交易日剧增320.17点之后，道指两日内猛升819.36点，收复了今年以来大约40％的降幅，曾经倍受冷落的"老经济"股成为十分抢眼的明星。

托道指暴涨之福，标准普尔500指数同样创造了历史纪录，跃升66.33点，最后以1458.47点收市，升幅4.76％。连续三日大降的纳斯达克指数也是大为沾光，上升134.77点，涨幅2.94％，以4717.39点报收。纽约证交所成交量高达14.8亿股，创了历史新高，升股与降股之比约为24:4。纳斯达克20.4亿股易手，升降股之比在23:20左右。

©人民日报网络版

二、課文

道指暴漲近500點

　　人民日報網路版華盛頓3月17日電：16日，紐約證交所一開盤，無以數計的股民爭相搶購傳統工業股，道一瓊斯30種工業股票平均價格指數如同"坐上了飛機"，一個勁兒上竄。飛升100、200、300、400點，一直到下午，道指停在了10630.60點。道指全天升幅4.93％，暴漲499.19點，打破了1998年9月8日上升380.53點的紀錄，創造了該指數問世100多年以來的最大日升點數。

　　繼上個交易日劇增320.17點之後，道指兩日內猛升819.36點，收復了今年以來大約40％的降幅，曾經倍受冷落的"老經濟"股成為十分搶眼的明星。

　　托道指暴漲之福，標準普爾500指數同樣創造了歷史紀錄，躍升66.33點，最後以1458.47點收市，升幅4.76％。連續三日大降的納斯達克指數也是大為沾光，上升134.77點，漲幅2.94％，以4717.39點報收。紐約證交所成交量高達14.8億股，創了歷史新高，升股與降股之比約為24:4。納斯達克20.4億股易手，升降股之比在23:20左右。

©人民日報網絡版

Jenny Qiao
Manqian Huang

三、生词(生詞)

✎ 对话(對話)

1. 证券	證券	zhèngquàn	N	securities
2. 交易所	交易所	jiāoyì suǒ	N	Exchange
3. 股市	股市	gǔ shì	N	stock market
4. 走势	走勢	zǒushì	N	trend
5. 显示屏	顯示屏	xiǎnshìpíng	N	display screen
6. 股值	股值	gǔzhí	N	share value
7. 上升	上升	shàngshēng	V	rise, go up
8. 下跌	下跌	xiàdiē	V	go down
9. 股票	股票	gǔpiào	N	stock
10. 扯	扯	chě	V	pull
11. 衍生	衍生	yǎnshēng	V	spread out, develop, evolve
12. 不景气	不景氣	bùjǐngqì	N	depression, recession, slump
13. 赔	賠	péi	V	lose
14. 前景	前景	qiánjǐng	N	prospect, outlook
15. 国民经济	國民經濟	guómín jīngjì	N	national economy
16. 晴雨表	晴雨錶	qíngyǔ biǎo	N	barometer
17. 经济学	經濟學	jīngjìxué	N	economics
18. 货币	貨幣	huòbì	N	money, currency
19. 供给	供給	gōngjǐ	V	supply, provide, furnish
20. 悲观	悲觀	bēiguān	A	pessimistic
21. 情绪	情緒	qíngxù	N	mood, sentiments, feeling
22. 抛售	抛售	pāoshòu	V	dump, sell in big quantities
23. 导致	導致	dǎozhì	V	lead to, result in, cause

24. 反弹	反彈	fǎntán	V	bounce back
25. 盲目	盲目	mángmù	A	blind, unrealistic
26. 乐观	樂觀	lèguān	A	optimistic
27. 国内生产总值	國內生產總值	guónèi shēng chǎn zǒngzhí		Gross Domestic Product (GDP)
28. 增长率	增長率	zēngzhǎng lǜ	N	growth rate
29. 符合	符合	fúhé	V	accord with, conform to

✎ 课文 (課文)

30. 暴涨	暴漲	bào zhǎng	V	rise sharply, jump
31. 证交所	證交所	zhèngjiāo suǒ	N	Stock Exchange
32. 开盘	開盤	kāi pán	VO	open (for trading)
33. 无以数计	無以數計	wú yǐ shǔ jì	A	numerous
34. 股民	股民	gǔmín	N	stock holder
35. 争相	爭相	zhēngxiāng	Ad	vie with each other
36. 抢购	搶購	qiǎnggòu	V	rush to purchase
37. 传统	傳統	chuántǒng	N	tradition
38. 股	股	gǔ	N	stock, share
39. 平均	平均	píngjūn	A	average
40. 如同	如同	rútóng	P	similar to, like
41. 一个劲儿	一個勁兒	yīgejìnr	Ad	continuously, persistently
42. 上窜	上竄	shàng cuàn	V	rise, go up
43. 飞升	飛升	fēi shēng	V	rise sharply
44. 升幅	升幅	shēng fú	N	rise (range)
45. 打破	打破	dǎ pò	V	break
46. 纪录	紀錄	jìlù	N	record
47. 创造	創造	chuàngzào	V	create

48.	问世	問世	wèn shì	VO	come out, be established
49.	日升点数	日升點數	rìshēng diǎnshù	N	rising points for the day
50.	继	繼	jì	V	follow
51.	剧增	劇增	jù zēng	V	leap, sharp increase
52.	猛升	猛升	měng shēng	V	rise suddenly
53.	降幅	降幅	jiàngfú	N	declining range, fall
54.	倍受	倍受	bèi shòu	V	fully experience
55.	冷落	冷落	lěngluò	N	cold treatment
56.	抢眼	搶眼	qiǎngyǎn	VO	attractive, grab attention
57.	明星	明星	míngxīng	N	star
58.	托…福	托…福	tuō...fú	VO	thanks to, blessed by
59.	跃升	躍升	yuè shēng	V	jump, leap
60.	收市	收市	shōushì	VO	close the market
61.	连续	連續	liánxù	Ad	continuously, successively
62.	沾光	沾光	zhānguāng	VO	benefit from
63.	报收	報收	bàoshōu	V	close (the stock market)
64.	成交量	成交量	chéngjiāo liàng	N	trading volume
65.	易手	易手	yì shǒu	VO	change hands

Proper Nouns

1.	华盛顿	華盛頓	Huáshèngdùn	Washington
2.	道指	道指	Dào Zhǐ	Dow Jones Industrial Average
3.	道－琼斯	道－瓊斯	Dào Qióngsī	Dow Jones
4.	标准普尔	標準普爾	Biāozhǔn Pǔ'ěr	Standard and Poor's
5.	纳斯达克	納斯達克	Nà Sī Dá Kè	Nasdaq

四、语法练习 (語法練習)

一、可
(adverb) for emphasis

Examples:

1. 股票投资风险很大，"炒股票"可得小心。

   股票投資風險很大，"炒股票"可得小心。

   Investing in stocks is risky. One must be careful when playing with stocks.

2. 经济好转的时候，股市往往会上涨，投资者可不能盲目乐观。

   經濟好轉的時候，股市往往會上漲，投資者可不能盲目樂觀。

   Stock market usually goes up when the economy turns around. However, investors definitely should not be blindly optimistic.

3. 经济不景气的时候，股票往往会下跌，投资者可不要大量抛售股票。

   經濟不景氣的時候，股票往往會下跌，投資者可不要大量拋售股票。

   When there is a recession, stocks usually go down. However, investors should not dump their stocks at that time.

→ **Read the following dialogues and decide where you may add 可, or use 可 to substitute other words or phrases.**

Dialog 1

A: 美国这两年来经济不景气，股市连续大跌。

B: 是啊，我赔了很多钱。

A: 美國這兩年來經濟不景氣，股市連續大跌。

B: 是啊，我賠了很多錢。

Dialog 2

A: 在中国股市的显示屏上，要是股值上升了就用红颜色显示，下跌了就用绿颜色。你们美国的股市显示屏也是这样吗？

B: 美国股市的显示屏跟中国股市的显示屏不一样。

A: 在中國股市的顯示屏上，要是股值上升了就用紅顏色顯示，下跌了就用綠顏色。你們美國的股市顯示屏也是這樣嗎？

B: 美國股市的顯示屏跟中國股市的顯示屏不一樣。

Dialog 3

A: 你觉得中国股市的前景怎么样？

B: 预测股市的前景太难了。我说不好。

A: 你覺得中國股市的前景怎麼樣？

B: 預測股市的前景太難了，我說不好。

Dialog 4

A: 这本书是专门介绍股票市场的，写得特别好，你应该看看。

B: 好，我一定看。

A: 這本書是專門介紹股票市場的，寫得特別好，你應該看看。

B: 好，我一定看。

二、按照
according to...; in accordance with; in the light of; on the basis of

Examples:

1. 按照统计资料，去年股市上涨是10年来最大的一年。

   按照統計資料，去年股市上漲是10年來最大的一年。

   According to statistics, last year the stock market had the greatest increase in the last 10 years.

2. 如果在下午1:00以前购买共同基金，价格按照当天收市价算。

   如果在下午1:00以前購買共同基金，價格按照當天收市價算。

   If one purchases mutual fund shares before 1:00 PM, the price is based on that day's market closing price.

→ **Answer the following questions by using "按照":**

1. 你们公司的商品价格是按照什么定的？

   你們公司的商品價格是按照甚麼定的？

   _____

2. 零售商进货应该按照什么？

   零售商進貨應該按照甚麼？

   _____

3. 开展电子商务应该按照法规吗？

   開展電子商務應該按照法規嗎？

   _____

4. 美元和外币的兑换率是按照什么改变的？

   美元和外幣的兌換率是按照甚麼改變的？

   _____

三、从而
thus, thereby

Examples:

1. 如果投资者对经济前景产生悲观情绪，从而抛售股票，就会导致股市下跌。

   如果投資者對經濟前景產生悲觀情緒，從而拋售股票，就會導致股市下跌。

   If investors are pessimistic about the economic prospect and (thereby) dump their stocks, this will cause the stock market to fall.

2. 一些贫困家庭的孩子，因为付不起学费，从而放弃了就学的机会。

   一些貧困家庭的孩子，因為付不起學費，從而放棄了就學的機會。

   Some children from poor families cannot afford the tuition and thereby give up their education.

→ **Combine the following sentences in each group using the conjunction 从而:**

1. 最近李新迷上了电脑游戏，不学习，不做功课，整天玩电脑游戏。他的学习成绩越来越差。

   最近李新迷上了電腦遊戲，不學習，不做功課，整天玩電腦遊戲。他的學習成績越來越差。

   _____

   _____

   _____

2. 前几年，股票市场不断暴涨，老李玩股票赚了很多钱。他辞去了工厂的工作，专职买卖股票。

   前幾年，股票市場不斷暴漲，老李玩股票賺了很多錢。他辭去了工廠的工作，專職買賣股票。

   _____

   _____

   _____

3. 这几年银行的利息很低，买房子的人很多。房地产市场很活跃。

   這幾年銀行的利息很低，買房子的人很多。房地產市場很活躍。

   _____

   _____

   _____

4. 改革开放以后，中国的经济发展很快。环境受到很大的影响。

   改革開放以後，中國的經濟發展很快。環境受到很大的影響。

   _____

   _____

   _____

四、如同
same as, similar to

It is used in written Chinese, similar to 跟/像……一样 in spoken Chinese.

Examples:

1. 证券市场如同国民经济的晴雨表。

   證券市場如同國民經濟的晴雨錶。

   The stock market is like the barometer of the national economy.

2. 道指如同坐上了直升飞机，上涨400点。

   道指如同坐上了直升飛機，上漲400點。

   The Dow Jones Index was similar to riding on a helicopter, rising 400 points.

五、一个劲儿
indicating continuously or persistently doing something

Examples:

1. 最近道琼斯指数一个劲儿地上涨，纳斯达克指数却一个劲儿地下跌。

   最近道瓊斯指數一個勁兒地上漲，納斯達克指數卻一個勁兒地下跌。

   Recently, the Dow Jones Index rose continuously but the NASDAQ Index fell persistently.

2. 美国的新老经济股都在一个劲儿地跌。

   美國的新老經濟股都在一個勁兒地跌。

   In the US, both the new economy and the old economy shares have been declining continuously.

六、打破……纪录
break the record of ...

Examples:

1. 今天道指的升幅打破了1998年9月8日的纪录。

   今天道指的升幅打破了1998年9月8日的紀錄。

   Today, Dow's increase broke the record set on September 8, 1998.

2. 昨天纽约证交所的成交量打破了10年来的最高纪录。

   昨天紐約證交所的成交量打破了10年來的最高紀錄。

   Yesterday, the trading volume at the New York Securities Exchange broke the highest record in ten years.

→ **Complete the following sentences with** 打破……纪录 :

1. 中国的外汇储蓄量 _____

   中國的外匯儲蓄量 _____

2. 今天股市的涨幅 _____

   今天股市的漲幅 _____

3. 今年公司的销售额 _____

   今年公司的銷售額 _____

4. 纳斯达克的成交量 _____

   納斯達克的成交量 _____

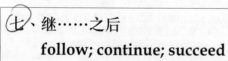

七、继……之后
follow; continue; succeed

It is used in written Chinese.

Examples:

1. 继昨天剧增300多点之后,今天道指又上涨了200多点。

   繼昨天劇增300多點之後,今天道指又上漲了200多點。

Following yesterday's sharp increase of more than 300 points, today the Dow Jones climbed another 200 points.

2. 继一个多月来道指下跌20%之后，今天道指又跌了7%左右。

繼一個多月來道指下跌20%之後，今天道指又跌了7%左右。

Following a 20% decline in the last month, today the Dow Jones declined approximately another 7%.

→ **Rewrite the following sentences with "继……之后":**

1. 三年前第一家外国银行在中国开业。现在有多家外国银行在中国营业。

三年前第一家外國銀行在中國開業。現在有多家外國銀行在中國營業。

_____

_____

2. 从上个月银行利息下调0.5%以来，这个月银行利息又下调三次。

從上個月銀行利息下調0.5%以來，這個月銀行利息又下調三次。

_____

_____

3. 去年，公司的营业额上涨了5%，今年又上涨了7%。

去年，公司的營業額上漲了5%，今年又上漲了7%。

_____

_____

4. 上个星期新经济股下降了10%左右，可是这个星期新经济股上涨了20%。

上個星期新經濟股下降了10%左右，可是這個星期新經濟股上漲了20%。

_____

_____

八、倍受
receive or suffer from something twice as much

Examples:

1. 今年以来，"老经济"股倍受冷落。

    今年以來，"老經濟"股倍受冷落。

    This year "Old Economy" shares suffered a cold treatment.

2. 最近股市升降幅度很大，倍受股民关注。

    最近股市升降幅度很大，倍受股民關注。

    Recently, the great fluctuations in the stock market have caught the attention of shareholders.

→ **Complete the following sentences with "倍受":**

1. 近几个月来，新经济股＿＿＿＿＿＿＿＿＿＿＿＿＿＿＿＿＿＿＿＿＿＿＿

    近幾個月來，新經濟股＿＿＿＿＿＿＿＿＿＿＿＿＿＿＿＿＿＿＿＿＿＿

2. 因为质量好价格低，这种产品＿＿＿＿＿＿＿＿＿＿＿＿＿＿＿＿＿＿＿

    因為質量好價格低，這種產品＿＿＿＿＿＿＿＿＿＿＿＿＿＿＿＿＿＿＿

3. 电脑商展＿＿＿＿＿＿＿＿＿＿＿＿＿＿＿＿＿＿＿＿＿＿＿＿＿＿＿＿＿

    電腦商展＿＿＿＿＿＿＿＿＿＿＿＿＿＿＿＿＿＿＿＿＿＿＿＿＿＿＿＿＿

4. 中华美食在国外＿＿＿＿＿＿＿＿＿＿＿＿＿＿＿＿＿＿＿＿＿＿＿＿＿＿

    中華美食在國外＿＿＿＿＿＿＿＿＿＿＿＿＿＿＿＿＿＿＿＿＿＿＿＿＿＿

九、托……福
blessed by, thanks to

Examples:

1. 托新经济股上涨的福，老经济股也回升了0.5％。

    托新經濟股上漲的福，老經濟股也回升了0.5％。

Thanks to the rise of new economy shares, old economy shares also came back in value by 0.5%.

2. 托银行利率下调的福，今天股市暴涨。

托銀行利率下調的福，今天股市暴漲。

Blessed by the cut in bank interest, today the stock market rose sharply.

→ **Complete the following sentences with 托……福:**

1. 托您的福，我的身体_____

　托您的福，我的身體_____

2. 托改革开放政策的福，我们企业_____

　托改革開放政策的福，我們企業_____

3. 托经济发展很快的福，就业机会_____

　托經濟發展很快的福，就業機會_____

4. 托股市上涨的福，他_____

　托股市上漲的福，他_____

（十）大为
in a big way, on a large scale

Examples:

1. 因为股市一个劲儿下跌，股民大为担心。

因為股市一個勁兒下跌，股民大為擔心。

Due to a continuous decline in the stock market, shareholders are greatly worried.

2. 因为高科技股上涨，他大为高兴。

因為高科技股上漲，他大為高興。

Because of the rise of high tech stocks, he is very happy.

➜ **Complete the following sentences with "大为":**

1. 因为产品质量有问题，厂长_____

   因為產品質量有問題，廠長_____

2. 最近美国音乐在中国_____

   最近美國音樂在中國_____

3. 近来，电子商务_____

   近來，電子商務_____

4. 自从提高了产品的质量以后，销售量_____

   自從提高了產品的質量以後，銷售量_____

五、综合练习

I. Discussion:

对话

1. 中国股市的显示屏跟美国股市的显示屏有什么不同？

2. "炒股票"是什么意思？

3. 请谈一下证券市场和经济的关系。

课文

1. 3月16日，道指上涨了多少点？有没有打破历史纪录？

2. 那一天道指为什么上涨得那么快？

3. 受道指上涨的影响，标准普尔和纳斯达克指数有什么变化？

II. Read the following two charts. In pairs, describe the US and China Stock Market Digest in Chinese:

沪深行情 (2000年4月10日)

上　　证	深　　证
前开盘1816.78	前开盘4553.34
前收盘1819.89	前收盘4556.89
最高1822.61	最高4569.18
最低1807.54	最低4513.13
成交金额16103849600	成交金额19252270400
今开盘1826.61	今开盘4556.81

U.S. Market Digest

Wednesday April 12, 2000

	NYSE	AMEX	Nasdaq	Bulletin Board
Advancing Issues	1,496	206	1,007	522
Declining Issues	1,454	429	3,341	1,335
Unchanged Issues	481	155	496	478
Total Issues	3,431	790	4,844	2,335
New Highs	56	8	25	20
New Lows	46	18	210	68
Up Volume	580,693,184	8,899,420	179,738,096	50,684,300
Down Volume	537,994,560	81,011,112	1,710,195,968	247,873,792
Unchanged Volume	36,050,912	4,852,705	36,126,596	104,084,800
Total Volume	1,154,738,560	94,763,232	1,926,060,672	402,642,912

III. Read the following email and complete the statements with the most appropriate choice:

小王，你好！

听说美国股市这几天上涨非常快，可是近来亚洲的股市情况不太好。昨天在日本，股市下跌虽然没有星期一严重，但是银行股仍领头下跌。这主要是因为投资者纷纷在会计年度的结尾，也就是三月底前出清持股，虽然三家大银行Sanwa Bank, Asahi Bank和Tokai Bank提出了市价为305亿美元的合并计划，但是这一合并计划并没有增强投资者对银行股的信心。

香港恒生指数昨日受到纳斯达克指数下跌的影响，科技股普遍下跌，共跌了167.52点，跌幅0.98%，最后以16929.16点收市。

你把不少钱投入美国股市，现在一定很高兴看到股市的暴涨吧？看来，我也应该把一部分资金从日本和香港的股市中抽出来，投资到美国市场去。

高东华　星期三于香港

生词：

1.	严重	yánzhòng	severe
2.	领头	lǐng tóu	take a lead
3.	结尾	jiéwěi	end
4.	出清	chū qīng	clear
5.	持股	chí gǔ	holding shares
6.	合并	hébìng	merge
7.	增强	zēngqiáng	strengthen
8.	信心	xìnxīn	confidence
9.	恒生	Héng Shēng	Hang Seng
10.	抽	chōu	take out

☞ **Complete the following statements with the most appropriate choice:**

1. The email discusses the stock market situation in

   A. Hong Kong

   B. Hong Kong and Japan

   C. Japan and the US

   D. Japan, Hong Kong, and the US   ____

2. On Monday,

   A. The Japanese stock market had a serious decline.

   B. The Japanese stock market rose.

   C. The Japanese stock market declined, but not as serious as Tuesday and Wednesday.

   D. The Japanese stock market was unchanged.   ____

3. Before the end of March

  A. Japanese stockholders bought more bank stocks.

  B. Japanese stockholders sold their bank stocks.

  C. Japanese stockholders sold most of their stocks.

  D. Japanese stockholders bought stocks of Sanwa, Asahi, and
     Tokai Banks.   _____

4. The Hong Kong Stock Market [Hang Seng]'s decline was caused by:

  A. The decline in Nasdaq.

  B. The poor performance of technology stocks.

  C. None of the above.

  D. The combination of the above.   _____

5. Gao Donghua plans to:

  A. Continue to invest in Hong Kong.

  B. Invest more in Japan.

  C. Transfer all of his investment from Hong Kong and Japan
     to the US stock market.

  D. Decrease his investment in Hong Kong and Japan, and
     increase his investment in the US market.   _____

IV. Fill in the blanks with appropriate words:

1.   收市　开盘　股民　股　点

    纽约证交所一_____，_____就抢购老经济_____，股市一
个劲儿地上升，到_____的时候， 上涨了200多_____。

2.   易手　交易量　交易日　新高

    继上个_____股市猛增之后，今天股市的_____创造了历史上的
_____，有二十多亿股_____。

3.   涨幅　暴涨　剧增

    道指_____之后，标准普尔也_____了50多点，_____为
4%左右。

4.　　　　　　　　　走高　上涨　保持

中国经济增长率有可能＿＿＿＿＿＿在7%左右，股市也会持续＿＿＿＿＿＿，有可能＿＿＿＿＿＿到一万点。

5.　　　　　　　　　反映　泡沫　空间

去掉股市中的＿＿＿＿＿＿，股票价格上涨的＿＿＿＿＿＿很大，因为股市是经济中优秀业绩的＿＿＿＿＿＿。

6.　　　　　　　增幅　增长　预测　国民经济

中国社科院＿＿＿＿＿＿，股市是＿＿＿＿＿＿的晴雨表，所以中国股市的＿＿＿＿＿＿将超过国内生产总值的＿＿＿＿＿＿。

V. Listening Comprehension: (disc 2　 🔘 track04)

For script of the listening exercise, see Appendix A

☞ **List the advantages and disadvantages for investing in the stock market, based on the dialogue you have heard:**

生词：

1.	一窍不通	yíqiàobùtōng	know nothing of
2.	回报	huíbào	return
3.	红利	hónglì	dividend
4.	红股	hónggǔ	bonus share (not paid for)
5.	业绩	yèjī	achievement
6.	股本	gǔběn	capital for purchasing stocks
7.	通货膨胀	tōnghuòpéngzhàng	inflation
8.	避免	bìmiǎn	avoid
9.	贬值	biǎnzhí	devalue, devaluate
10.	保值	bǎozhí	protect the value

Advantages:

_____

_____

_____

_____

_____

_____

Disadvantages:

_____

_____

_____

_____

_____

_____

_____

六、补充练习

I. Look for information on a company's stock. Try to answer all the questions below. Then make an oral presentation of what you have found.

1. 这个公司的股票昨天的开市价和收市价是多少？

_____

2. 这个股票昨天的增幅 (降幅) 是多少？

_____

3. 这个股票昨天有多少股易手？

_____

4. 这个股票的平均日成交量是多少股？

_____

5. 在52个星期内，股票的最高价和最低价是多少？

_____

6. 这个公司上一季度的每股净收入是多少？

_____

7. 这个公司上一季度的赢利和市场预期一样吗？

_____

8. 这个公司的市场总值是多少？

_____

II. Read the following article. Match the situations with appropriate actions that the writer recommends. You may use a dictionary.

股票套牢了怎么办？

如果你买进股票后，股价一路下跌，使买进股票的成本，已高出目前可以售出所得市价，那你就在股市被高价套牢了。你一旦被高价套牢，就应该想办法解套。

以下几种解套办法供你参考：

一、将所持劣质股票全盘卖出，以免股价继续下跌而遭受更大损失。因为持有品质较差股票的时间越长，给投资者带来的损失也将越大。

二、将手中弱势股抛出，并换进市场中的强势股，这样可以通过强势股的涨升获利，弥补其套牢所受的损失。

三、先把股票卖了，然后在较低的价位时，再买进，以减轻在解套时所出现的损失。这样，不仅能减少和避免套牢损失，有时还能反亏为盈。

四、随股价下挫幅度增大反而加码买进，从而使股价成本变低，以待股价回升获利。

五、在股票被套牢后，如果手中所持股票均为品质良好的绩优股，就先不要脱手。

☞ **If the stock prices plunge, what actions does the writer recommend for the following situations?**

Situations	Actions
1. You are holding poor-quality stocks.	a. Hold.
2. You are holding both good-quality and poor-quality stocks.	b. Sell at a loss.
3. You are holding good-quality stocks.	c. Sell some and hold some.
	d. First sell, and then buy back at a lower price.
	e. Buy more shares when the stock price is low.

第 8 课

保险业务

中国于1980年开始恢复保险业，当时只有一家保险公司。1985年，中国颁布了《保险法》。到2002年，中国共有54家保险公司。此外，有34家外资保险经营机构获准在中国营业，并有112家外资保险公司等待进入中国保险市场。保险公司主要为客户提供健康险、财产险、意外险、人寿险、附加险、养老险和少儿险。

　　本课的对话介绍了中国保险业的一般业务范围，以帮助学生熟悉最基本的保险词汇。本课的课文分两部分，第一部分列举了某保险公司接受投保的具体险别；第二部分是一篇关于参加中国养老保险制人数的报刊文章。

China resumed its insurance industry in 1980. At that time, it only had one insurance company. In 1985, Insurance Laws were promulgated. By 2002, China had 54 insurance companies. Additionally, 34 foreign insurance companies were permitted to operate in China, and another 112 foreign insurance companies were waiting to enter China's insurance market. Insurance companies generally provide health insurance, property insurance, accident insurance, life insurance, supplementary insurance, and special insurance for seniors and children.

The dialogue of the chapter describes the general range of insurance business in China. This is to expose students to some basic insurance-related vocabulary and terms. The text is divided into two parts. The first part lists the different insurances that are provided by an insurance company. The second part is a newspaper article on the number of participants in China's social security system.

上图：「中国平安」——中国一保险公司
Photo: Ping An of China—an insurance corporation in China

一、对话

（今天学习班的师生去参观上海平安保险公司，保险公司的业务代表高先生接待了他们。）

大卫：　听说中国的保险业务最近几年发展很快，是吗？

高先生：对。中国的保险业务八十年代初才刚刚起步，可是近几年全国参保人数每年都保持了两位数的增长。

玛丽：　个人一般都投保什么险？

高先生：通常是两种：人寿保险和财产保险。人寿保险包括寿险、养老险、医疗险和意外险等。财产保险最多的是个人住房险、机动车辆险和财产险等。

大卫：　那么事业和企业单位呢？

高先生：事业单位投保的主要是我们刚才介绍的人寿保险，比较简单。企业单位就复杂了。一般的企业都投保企业财产险、利润损失险、损坏险。另外有些企业还投保一般附加险，就是偷窃险什么的，特殊附加险包括战争险、罢工险等。

玛丽：　想不到企业的保险业务这么复杂！

高先生：客户也可以根据业务需要投保附加险的部分项目或全部项目。如果客户选择责任范围大的险别，就会增加保险费的开支，但如果投保的险别责任范围过小，又会得不到必需的经济赔偿。

大卫：　看来买什么保险，买多少保险，学问大着呢！谢谢您的介绍。

一、對話

(今天學習班的師生去參觀上海平安保險公司，保險公司的業務代表高先生接待了他們。)

大衛：　聽說中國的保險業務最近幾年發展很快，是嗎？

高先生：對。中國的保險業務八十年代初才剛剛起步，可是近幾年全國參保人數每年都保持了兩位數的增長。

瑪麗：　個人一般都投保甚麼險？

高先生：通常是兩種：人壽保險和財產保險。人壽保險包括壽險、養老險、醫療險和意外險等。財產保險最多的是個人住房險、機動車輛險和財產險等。

大衛：　那麼事業和企業單位呢？

高先生：事業單位投保的主要是我們剛才介紹的人壽保險，比較簡單。企業單位就複雜了。一般的企業都投保企業財產險、利潤損失險、損壞險。另外有些企業還投保一般附加險，就是偷竊險甚麼的，特殊附加險包括戰爭險、罷工險等。

瑪麗：　想不到企業的保險業務這麼複雜！

高先生：客戶也可以根據業務需要投保附加險的部分項目或全部項目。如果客戶選擇責任範圍大的險別，就會增加保險費的開支，但如果投保的險別責任範圍過小，又會得不到必需的經濟賠償。

大衛：　看來買甚麼保險，買多少保險，學問大着呢！謝謝您的介紹。

二、课文

(一)

中国保险公司

产品介绍

<u>财产保险</u>

企业财产险

利润损失险

机器损坏险

财产险

机动车辆险

安居综合险

个人住房险

<u>人寿保险</u>

寿险

养老保险

意外险

少儿险

医疗险

投资型保险

保单服务

契约变更

减额交清

退保撤单

保险给付

(二)

中国基本养老保险人数突破一亿

华声报讯：截至今年9月底，全国城镇职工参加基本养老保险人数达到10,050万人，比1998年底参保人数增加1,574万人，增长率达19%。在参保人数中，国有企业职工为6,606万人，集体企业职工为1,492万人，外商投资及私营企业职工928万人，事业单位职工及其他人员1,024万人。

©《华声报》电子版

二、課文

(一)

中國保險公司

產品介紹

財產保險

企業財產險

利潤損失險

機器損壞險

財產險

機動車輛險

安居綜合險

個人住房險

人壽保險

壽險

養老保險

意外險

少兒險

醫療險

投資型保險

保單服務

契約變更

減額交清

退保撤單

保險給付

(二)

中國基本養老保險人數突破一億

華聲報訊：截至今年9月底，全國城鎮職工參加基本養老保險人數達到10,050萬人，比1998年底參保人數增加1,574萬人，增長率達19％。在參保人數中，國有企業職工為6,606萬人，集體企業職工為1,492萬人，外商投資及私營企業職工928萬人，事業單位職工及其他人員1,024萬人。

©《華聲報》電子版

三、生词(生詞)

✎ 对话(對話)

1. 改革	改革	gǎigé	N/V	reform
2. 开放	開放	kāifàng	N/V	open, lift a ban / restriction
3. 参保	參保	cān bǎo	VO	be insured
4. 人数	人數	rénshù	N	number of people
5. 人寿险	人壽險	rénshòu xiǎn	N	life insurance
6. 财产险	財產險	cáichǎn xiǎn	N	property insurance
7. 养老险	養老險	yǎng lǎo xiǎn	V	retirement, old age insurance
8. 意外	意外	yìwài	N	accident
9. 机动车辆	機動車輛	jīdòng chēliàng	N	motor vehicle
10. 事业	事業	shìyè	N	non-profit (working unit)
11. 利润	利潤	lìrùn	N	profit
12. 损失	損失	sǔnshī	N/V	loss, lose
13. 损坏	損壞	sǔnhuài	N/V	damage
14. 特殊	特殊	tèshū	A	special, particular
15. 附加	附加	fùjiā	V	add, attach
16. 偷窃	偷竊	tōuqiè	V	steal
17. 战争	戰爭	zhànzhēng	N	war
18. 罢工	罷工	bàgōng	N/V	strike, go on strike
19. 责任	責任	zérèn	N	responsibility, duty
20. 开支	開支	kāizhī	N/V	expenses, pay (expenses)
21. 过	過	guò	Ad	too, excessively
22. 赔偿	賠償	péicháng	V	pay for, compensate for

课文 (課文) 一

23.	安居	安居	ān jū	V	live in peace
24.	少儿	少兒	shào'ér	N	child
25.	型	型	xíng	N	type
26.	基本	基本	jīběn	A	basic
27.	保单	保單	bǎo dān	N	insurance policy
28.	契约	契約	qìyuē	N	contract
29.	变更	變更	biàngēng	N/V	change, modify, modification
30.	减额	減額	jiǎné	VO	reduce the amount
31.	交清	交清	jiāoqīng	V	pay off
32.	退保	退保	tuì bǎo	VO	cancel insurance
33.	撤单	撤單	chè dān	VO	withdraw insurance policy
34.	给付	給付	jǐfù	V	pay

课文 (課文) 二

35.	突破	突破	tū pò	V	break, surpass
36.	截至	截至	jié zhì	P	up to
37.	城镇	城鎮	chéng zhèn	N	city and town, urban area
38.	职工	職工	zhígōng	N	employee, worker and staff
39.	国有企业	國有企業	guóyǒu qǐyè	N	state enterprise
40.	集体企业	集體企業	jítǐ qǐyè	N	collective enterprise
41.	外商	外商	wài shāng	N	foreign business
42.	私营	私營	sī yíng	V	privately own

四、语法练习 (語法練習)

┌─────────┐
│ 截至 │
│ **up to** │
└─────────┘

It is used in written Chinese, with the same meaning as 到……为止。

Examples:

1. 截至去年底，保险业务比上年增加了7%。

   截至去年底，保險業務比上年增加了7%。

   Up to the end of last year, insurance business increased by 7% comparing to the previous year.

2. 截至今年上半年，参加社会保险的人数达到了1亿。

   截至今年上半年，參加社會保險的人數達到了1億。

   By the first half of this year, the number of people participating in social security reached 100 million.

→ Translate the following into Chinese:

1. By the end of last year, approximately 4500 clients bought accident insurance.　　*dᴀ yve*

   _____

2. Up to the end of September, the number of employees who have participated in the social (security) insurance for basic retirement surpassed 100 million.

   _____

   _____

3. Up to the closing of the stock market, the stock index declined 159 points yesterday.

   _____

4. By the end of last month, more than half of the clients cancelled their insurance.

   _____

五、综合练习

I. Discussion:

对话

1. 中国的保险业务是从什么时候开始的？最近几年中国的保险业务发展得怎么样？

2. 通常个人投保什么险？

3. 事业单位投保什么险？

4. 企业单位投保什么险？

5. 选择责任范围大的险别或责任范围小的险别会带来什么不同的后果？

课文

1. 中国保险公司为什么样的客户提供财产和人寿保险？

2. 中国保险公司的保单成立以后，还能不能变更？保单变更包括哪些方面？

3. 到2000年9月底，中国有多少职工参加了基本养老保险？

4. 从这篇课文看，中国有哪些不同性质的企业？

II. Read the following situations and decide the insurance needs for these people:

1. 王先生最近买了一辆新车。他应该买：

_____

2. 张先生开了一个小公司，公司的收入不很多。他十分担心家人生了病以后，怎么支付医疗费。他应该买：

_____

3. 某自行车公司从国外进口了一条生产线，生产线只有一年的保修期。这个公司应该买：

_____

4. 合作银行投资了几十亿元，实现了银行业务电脑化。合作银行应该买：

_____

5. 白先生上个月刚买了一所新房子。他应该买：

_____

6. 丁先生有三个孩子，他担心如果他有了意外，不能工作，家人怎么生活。丁先生应该买：

_____

7. 小王决定从中国骑自行车去俄国。一路上要爬很多山过很多河。他应该买：

_____

8. 林先生没有子女，他有些担心退休以后的生活。他应该买：

_____

III. Read the following table and answer the comprehension questions:

中国的社会保险

	社会统筹养老保险	社会统筹医疗保险
缴费方式	企业缴工资总额20% 个人缴工资总额4%(将逐步提高到8%)	企业缴工资总额6% 个人缴工资总额2%
账户建立	按本人工资总额的11%建立个人账户，其余进入社会统一账号。	把6%的30%和2%进入个人账户(即3.8%) 把4.2%进入社会账号
领取方式	总数＝a＋b＋c a. 基础养老(上年职工月平均工资的20%)； b. 个人账户养老(个人账户存储额/120)； c. 过渡性养老(工资性养老金＋补贴性养老金)	最低限额是：医疗费用超过当地职工年平均工资10%以上。 最高限额是：当地职工年平均工资的4倍。 首先从个人账户中支取，再用社会账号上的金额。

生词：

1. 统筹	tǒngchóu	macro plan
2. 缴费	jiǎo fèi	make a payment
3. 领取	lǐngqǔ	draw
4. 个人账户	gèrén zhànghù	individual account
5. 社会账号	shèhuì zhànghào	social (security) account
6. 过渡性	guòdùxìng	transitional
7. 补贴	bǔtiē	subsidy, subsidize
8. 限额	xiàn'é	limitation
9. 支取	zhīqǔ	draw money

☞ **Answer the comprehension questions:**

1. 社会统筹保险包括哪两种保险？

_____

2. 社会统筹保险和一般的财产和人寿保险有什么不同？

_____

3. 参加社会统筹保险的职工有哪两个账户？

_____

4. 社会统筹养老保险怎么计算养老保险金？

_____

5. 如果一个职工生了病，个人需要先支付多少医疗费，才可以领取社会统筹
   医疗保险？

_____

6. 一个职工领取的社会统筹医疗保险能超过当地职工工资的4倍吗？

_____

7. 如果一个职工的年收入是10000元人民币，请你算一下，他要缴多少钱给社
会统筹养老保险和社会统筹医疗保险？

_____

IV. Listening Comprehension: (disc 2 🔘 track 08)

☞ **Listen to the following phone conversation between a client and an agent from an insurance company and answer the following questions:**

For script of the listening exercise, see Appendix A

1. Why did the client call the insurance company?

_____

2. What types of insurance does the insurance company provide?

_____

3. What types of insurance does the client want to get?

_____

V. Find Information:

☞ **Read the following list of insurance companies:**

保险公司	保险业务
泰康人寿保险股份有限公司	人寿，健康，意外及少儿保险
新华人寿保险公司	寿险，健康，少儿，养老及意外保险。在线投保
中国人寿保险公司	人寿保险
美商大都会人寿保险公司	个人及团体保险
中央信托局人寿保险处专属服务处	线上保费计算及保险公司连结
大众保险股份有限公司	以财产损失保险为主
台湾产物保险公司	各项产物保险
泰安产物保险股份有限公司	汽车和机车保险，火险，居家综合保险和责任保险
友联产物保险股份有限公司	产业保险
第一产物保险股份有限公司	汽车、机车及灾难保险

生词：

1. 产物	chǎnwù	property
2. 产业	chǎnyè	industry
3. 机车	jī chē	motorcycle
4. 火险	huǒ xiǎn	fire insurance
5. 灾难	zāinàn	disaster

☞ **Information Finding:**

1. Find one company that sells insurance on line.

_____

_____

2. Find three companies that sell life insurance.

_____

_____

3. Find two companies that sell car insurance.

_____

_____

4. Find two companies that sell fire insurance.

_____

_____

5. Find one company that calculates insurance premium on line.

_____

_____

VI. Writing and Presentation

☞ **Write an essay on what type of insurances that individuals usually purchase in your community, state your opinion (with examples) on whether purchasing insurance is necessary, and then make a presentation in class.**

六、补充练习

I. Read the following announcement and answer the comprehension questions:

理财培训班招生

专家讲解投资理财知识

　　本中心将于十一月一日开始举办"个人理财"培训班。该课程将由银行业经理、证券、房地产贷款、保险业等专家讲解以下题目：

　　1. 银行各类存款和利息

　　2 股票投资

　　3. 共同基金

　　4. 退休年金

　　5. 各类保险

　　6. 房地产投资和贷款

　　理财知识是每个在美国生活和工作的人都应该学习的必修课。培训班将特别分析股票、基金投资的风险，比较有保障投资的类别，和各类保险的利弊。

　　参加培训者可与华人服务中心联系。电话1－800－435－6700

生词：

1. 理财	lǐcái	financial management, money management
2. 培训	péixùn	training
3. 共同基金	gòngtóng jījīn	mutual fund
4. 年金	niánjīn	annuity
5. 必修课	bì xiū kè	required course
6. 风险	fēngxiǎn	risk
7. 保障	bǎozhàng	guarantee
8. 利弊	lìbì	advantages and disadvantages

☞ **Answer the comprehension questions:**

1. 这个培训班什么时候开始？是由谁主办的？

   _____

   _____

   _____

2. 这个培训班由谁讲课？

   _____

   _____

   _____

3. 培训班的内容是什么？

   _____

   _____

   _____

4. 培训班特别要做什么？

   _____

   _____

   _____

II. The following table informs insurance policy holders which documents
    to bring if they need to make a change to the policy. Read the following
    table and find some key words:

办理投保、变更投保应备单证	
变更项目	应备文件
投保人	投保人身份证明 (投保人健康告知书)
通信地址、邮政编码	一般应备文件
电话	一般应备文件
身份证号码	身份证复印件

缴费形式	一般应备文件
受益人	被保人、受益人身份证明复印件
缴费年期	一般应备文件、投保人身份证明
被保险人相关信息	被保人身份证明
补发保单	投保人身份证明
加保	健康告知书
减退保	投保人身份证
保险金的领取	被保险人身份证明 (投保人身份证明)
保单质押贷款	投保人、被保险人身份证明
减额缴清	投保人身份证

☞ **Do you know how to say these terms in Chinese?**

1. ID number

2. increase the insurance coverage

3. beneficiary

4. insurance policy

5. policy holder

6. the insured

7. health certificate

8. cancel the insurance coverage

☞ **Situational Conversation:**

A: You want to make some changes on your insurance policy. Ask the insurance agent how you will be able to make these changes.

B: You are an agent for an insurance company. Inform the customer what documents are needed for making changes to his/her policy.

第 9 课

房地产

改革开放以来，中国房地产业迅速发展。中国的房地产市场分为三级：一级市场是土地市场；二级市场是新建房地产交易市场；三级市场是旧房交易市场。2003年中国房地产开发的投资额突破1万亿元，销售额达到8,000亿元左右。房地产投资热点区是首都经济圈和长江三角洲地区，商业地产投资热比较明显。

　　本课对话是关于中国住房体制的改革以及房地产市场的状况。课文是一篇关于帮助上海市民筹集购房首付款的报刊文章。

Since China started its economic reform, its real estate industry has developed rapidly. China's real estate market has three tiers: the first tier is for land sales, the second for sales of new homes, and the third for sales of existing homes. In 2003, the total investment for real estate development exceeded RMB1trillion and real estate sales reached approximately RMB800 billion. The hottest real estate markets were around Beijing and the Yangtze River Delta. Investments in commercial real estate were also strong.

　　The dialogue in the chapter explains the housing reform and the real estate market in China. The text is a newspaper article on helping Shanghai residents generate the down payment for new apartments.

上图：上海一大型屋苑
Photo: One large housing estate in Shanghai

一、对话

（今天学习班的学生来到上海安居房地产公司，该公司的白先生接待了他们。）

大卫：　听说中国的房地产业是在改革开放以后才发展起来的，而且和中国的房改政策密切相关，是这样吗？

白先生：对。八十年代以前，老百姓住的房子，基本上都是政府分配给个人居住的，房子的所有权属于国家或单位，老百姓不能随便买卖房子。后来，中国的房改政策允许个人在一定条件下可以购买自己居住的公房，并逐渐扩大到商品房，房地产业也就跟着发展起来了。

玛丽：　白先生，报纸上常常提到经济适用房和商品房。这两种房子有什么区别？

白先生：经济适用房的房主只有不完全产权，售价和物业管理费都比较低，因为政府对这种房子的土地使用、开发建设、销售价格都有一定的规定。商品房就不同了，根据市场的需求，售价和物业管理费高低不等，而且房主有完全产权。

大卫：　哪些因素会影响到商品房的价格呢？

白先生：最主要的因素通常是地段、房型、面积。同样的房子，市中心的可能比郊区的贵，因为交通购物都比较便利。从房型来看，独家小院比联体别墅贵，联体别墅又比公寓贵。面积呢，往往直接关系到价格，其他条件相等，面积大的总是比小的贵。另外还有一个因素也会影响到价格，就是你买的是现房、期房，还是二手房。

玛丽：　二手房的意思我懂，什么是现房和期房？

白先生：现房是盖好了的新房子，期房是预售还没盖好的房子。

大卫：　在中国买房子要办很多手续吗？

白先生：对。买卖商品房除了要签订房屋购销合同以外，还需要办贷款、立
　　　　契过户、入住手续等等。

玛丽：　看来有关房地产的学问真不少。谢谢您的介绍。

白先生：不客气。

一、對話

（今天學習班的學生來到上海安居房地產公司，該公司的白先生接待了他們。）

大衛：　　聽說中國的房地產業是在改革開放以後才發展起來的，而且和中國的房改政策密切相關，是這樣嗎？

白先生：對。八十年代以前，老百姓住的房子，基本上都是公房，是政府分配給個人居住的，房子的所有權屬於國家或單位，老百姓不能隨便買賣房子。後來，中國的房改政策允許個人在一定條件下可以購買自己居住的公房，並逐漸擴大到商品房，房地產業也就跟着發展起來了。

瑪麗：　　白先生，報紙上常常提到經濟適用房和商品房。這兩種房子有甚麼區別？

白先生：經濟適用房的房主只有不完全產權，售價和物業管理費都比較低，因為政府對這種房子的土地使用、開發建設、銷售價格都有一定的規定。商品房就不同了，根據市場的需求，售價和物業管理費高低不等，而且房主有完全產權。

大衛：　　哪些因素會影響到商品房的價格呢？

白先生：最主要的因素通常是地段、房型、面積。同樣的房子，市中心的可能比郊區的貴，因為交通購物都比較便利。從房型來看，獨家小院比聯體別墅貴，聯體別墅又比公寓貴。面積呢，往往直接關係到價格，其他條件相等，面積大的總是比小的貴。另外還有一個因素也會影響到價格，就是你買的是現房、期房、還是二手房。

瑪麗：　　二手房的意思我懂，甚麼是現房和期房？

白先生：現房是蓋好了的新房子，期房是預售還沒蓋好的房子。

大衛：　　在中國買房子要辦很多手續嗎？

白先生：對。買賣商品房除了要簽訂房屋購銷合同以外，還需要辦貸
　　　　　款、立契過戶、入住手續等等。

瑪麗：　　看來有關房地產的學問真不少。謝謝您的介紹。

白先生：不客氣。

二、课文

上海人可用旧房当首付款申购新房

从今天起，打算借银行钱买新房子的上海居民可以不再为处理原住的老房子而操心了。中国工商银行上海市分行与上海房屋置换公司联手推出的个人商品房首付款贷款业务，可帮助居民将旧产权房评估后抵押给银行，作为贷款购买新房的首付款。

上海居民现在购买一套普通商品房，需一次性支付近10万元的首付款，这对一般市民来说是一笔不小的开支；与此同时，处理正在居住的原有产权房也很伤脑筋。

工行推出的这一新业务为居民解决此类难题提供了方便。首付款贷款额度一般不超过抵押物评估价值的50%，同时不超过新购商品房房价的20%至30%，首付款贷款期限最长15年。

此间房产业人士指出，商品房首付款贷款的推出，标志着上海正在运用金融手段积极突破制约个人住房消费的"瓶颈"，这将激活房地产市场。

©《人民日报》网络版

二、課文

上海人可用舊房當首付款申購新房

從今天起，打算借銀行錢買新房子的上海居民可以不再為處理原住的老房子而操心了。中國工商銀行上海市分行與上海房屋置換公司聯手推出的個人商品房首付款貸款業務，可幫助居民將舊產權房評估後抵押給銀行，作為貸款購買新房的首付款。

上海居民現在購買一套普通商品房，需一次性支付近10萬元的首付款，這對一般市民來説是一筆不小的開支；與此同時，處理正在居住的原有產權房也很傷腦筋。

工行推出的這一新業務為居民解決此類難題提供了方便。首付款貸款額度一般不超過抵押物評估價值的50％，同時不超過新購商品房房價的20％至30％，首付款貸款期限最長15年。

此間房產業人士指出，商品房首付款貸款的推出，標誌着上海正在運用金融手段積極突破制約個人住房消費的"瓶頸"，這將激活房地產市場。

◎《人民日報》網絡版

三、生词(生詞)

🖉 对话(對話)

1. 房地产	房地產	fángdìchǎn	N	real estate
2. 房改	房改	fánggǎi	N	reform of housing policy
3. 政策	政策	zhèngcè	N	policy
4. 基本上	基本上	jīběnshàng	Ad	mainly, on the whole
5. 公房	公房	gōngfáng	N	public housing
6. 分配	分配	fēnpèi	N/V	distribution, allocation, assignment, distribute, allocate, assign
7. 居住	居住	jūzhù	V	live, reside
8. 允许	允許	yúnxǔ	N/V	permit, allow, permission
9. 经济适用房	經濟適用房	jīngjì shì yòng fáng	N	affordable housing
10. 商品房	商品房	shāngpǐnfáng	N	market-priced housing
11. 产权	產權	chǎnquán	N	property ownership
12. 土地	土地	tǔdì	N	land, soil, ground
13. 使用	使用	shǐyòng	N/V	use, make use of
14. 建设	建設	jiànshè	N/V	construction, construct, build
15. 因素	因素	yīnsù	N	factor, element
16. 地段	地段	dìduàn	N	location
17. 房型	房型	fángxíng	N	layout of the house
18. 面积	面積	miànjī	N	area size
19. 独家小院	獨家小院	dújiā xiǎoyuàn	N	single-family house
20. 联体别墅	聯體別墅	liántǐ biéshù	N	townhouse
21. 现房	現房	xiànfáng	N	new houses that have been built

22. 期房	期房	qīfáng	N	houses to be built
23. 二手房	二手房	èrshǒu fáng	N	existing homes
24. 立契	立契	lìqì	VO	sign a contract, sign a deed
25. 过户	過戶	guòhù	VO	transfer title
26. 入住	入住	rùzhù	V	move in

✏️ **课文 (課文)**

27. 首付款	首付款	shǒu fù kuǎn	N	down payment
28. 申购	申購	shēn gòu	V	apply to buy
29. 居民	居民	jūmín	N	resident
30. 处理	處理	chǔlǐ	V	deal with, handle
31. 操心	操心	cāoxīn	V	worry
32. 置换	置換	zhìhuàn	V	purchase and exchange
33. 联手	聯手	lián shǒu	Ad	jointly
34. 评估	評估	pínggū	V	appraise
35. 伤脑筋	傷腦筋	shāng nǎojīn	A	troublesome, bothersome
36. 难题	難題	nán tí	N	difficulty, challenge
37. 额度	額度	édù	N	amount
38. 价值	價值	jiàzhí	N	value
39. 此间	此間	cǐ jiān	N	this locality, here
40. 标志	標誌	biāozhì	V	symbolize
41. 手段	手段	shǒuduàn	N	measure
42. 积极	積極	jī jí	A	active
43. 激活	激活	jīhuó	V	activate

四、语法练习(語法練習)

一、其

Used in written Chinese, has the same meaning of 他 (她，它) (们) 的.

Examples:

1. 该公司主要生产自行车。其产品质量好，很受客户欢迎。

该公司主要生產自行車。其產品質量好，很受客戶歡迎。

The company mainly manufactures bicycles. Its products have a good quality and are well received by customers.

2. 你认识王先生吗？其父亲是中国有名的经济学家。

你認識王先生嗎？其父親是中國有名的經濟學家。

Do you know Mr. Wang? His father is a well-known economist in China.

→ Replace 其 with appropriate words:

1. 这家饭店非常有名，其烤鸭据说是全市最好的。
   這家飯店非常有名，其烤鴨據說是全市最好的。

   _____

2. 这家饭店不但质量好，其价格也很公道。
   這家飯店不但質量好，其價格也很公道。

   _____

3. 这家饭店除了质量价格不错以外，其服务也是一流的。
   這家飯店除了質量價格不錯以外，其服務也是一流的。

   _____

4. 饭店经理说，其父母从小就教育他，饭店要成功，就要注意质量、服务和价格。
   飯店經理說，其父母從小就教育他，飯店要成功，就要注意質量、服務和價格。

   _____

二、将

Used in written Chinese, to introduce the Object of a sentence. It has the same meaning and function of 把.

Examples:

1. 建设部将全国的房价分为三档。

   建設部將全國的房價分為三檔。

   The Ministry of Construction divides the national house prices into three categories.

2. 中国政府将经济改革作为长期的政策。

   中國政府將經濟改革作為長期的政策。

   The Chinese government has made economic reform a long-term policy.

➜ **Rewrite the following sentences with 将:**

1. 他把中国的股票市场作为研究课题。
   他把中國的股票市場作為研究課題。

   _____

2. 你们公司可以把价格降低15%吗？
   你們公司可以把價格降低15%嗎？

   _____

3. 我们在谈判的时候，把这个问题提出来。
   我們在談判的時候，把這個問題提出來。

   _____

4. 制造商把这个产品分成五个型号。
   製造商把這個產品分成五個型號。

   _____

三、为……而……

The phrase has two meanings: (1) to do something for the purpose of..., in which 为 precedes the purpose, and 而 precedes the verbal phrase; and (2) to indicate a consequence, in which 为 precedes the cause, and 而 precedes the consequence. The phrase is used in written Chinese.

Examples:

1. 公司为提高产能而进口了先进的生产线。

   公司為提高產能而進口了先進的生產線。

   In order to raise production capacity, the company imported a state-of-the-art production line.

2. 银行为吸引客户而增加了共同基金投资的业务。

   銀行為吸引客戶而增加了共同基金投資的業務。

   In order to attract customers, the bank has added the business of investment in mutual funds.

3. 不少股民为股市的下降而担心。

   不少股民為股市的下降而擔心。

   Quite some shareholders were worried because of the decline in the stock market.

4. 公司为国内销售量的下降而决定开发国际市场。

   公司為國內銷售量的下降而決定開發國際市場。

   The company has decided to develop its international market due to a decrease in its domestic sales.

→ **Rewrite the following sentences by using** 为……而……:

1. 为了减慢美国的经济发展速度，联邦储备 (Liánbāng Chǔbèi, Federal Reserves) 几次提高利率。

   為了減慢美國的經濟發展速度，聯邦儲備 (Liánbāng Chǔbèi, Federal Reserves) 幾次提高利率。

   _____

   _____

2. 为了提高管理水平，这家公司实现了电脑管理。

   為了提高管理水平，這家公司實現了電腦管理。

   _____

   _____

3. 因为买房子需要一笔不小的首付款，许多家庭比较担心。

   因為買房子需要一筆不小的首付款，許多家庭比較擔心。

   _____

   _____

4. 最近银行利率不太高，结果股市上升很快。

   最近銀行利率不太高，結果股市上升很快。

   _____

   _____

四、与此同时
meanwhile, at the same time, simultaneously

Examples:

1. 在过去十年中，中国的国内生产总值增长较快。与此同时，股市也发展迅速。

   在過去十年中，中國的國內生產總值增長較快。與此同時，股市也發展迅速。

   In the last decade, China's GDP had a relatively fast growth. At the same time, the stock market also grew rapidly.

2. 上个月高科技股下跌了20%。与此同时，老经济股则上涨了8%。

   上個月高科技股下跌了20%。與此同時，老經濟股則上漲了8%。

   Last month, high-tech stocks declined 20%. Meanwhile, old economy stocks rose by 8%.

➜ **Translate the following into Chinese:**

1. Buyers need to get a housing loan and sell their old house simultaneously.

_____

_____

2. The company needs to improve the quality of its product. Meanwhile, it should also go on line.

_____

_____

3. When buying stocks, you need to look at the company's income. At the same time, pay attention to the company's profit.

_____

_____

4. The new housing market is active. At the same time, the existing homes market still needs to be activated.

_____

_____

投极
激活

五、综合练习

I. Discussion Topics:

对话：

1. 什么是公房？
2. 经济适用房和商品房有什么区别？
3. 现房和期房有什么不同？
4. 在中国买卖房子要办哪些手续？

课文：

1. 文章里提到，上海的工商银行和房屋置换公司推出了什么样的新业务？
2. 这个新业务怎么处理买房者的老房子？
3. 一般的上海居民买新房子会遇到哪两个难题？
4. 如果买房者把老房子抵押给银行，银行怎么计算首付款的贷款额？首付款
   贷款有没有期限？
5. 这项首付款贷款业务对房地产市场有什么影响？

II. Read the following letter and finish the exercises:

大姐：你好！

　　好久没有给你写信了，一方面工作比较忙，另一方面因为我们打算买
房，所以周末经常去看房。杭州的房价比上海便宜一些，可是杭州人的收入
没有上海人的高，因此买新房子对我们这样的工薪族来说，还是比较困难
的。看了很多房子之后，我们发现高价位的房子买主并不多，最抢手的是那
些总价在二十万元左右、建筑面积在三十至四十平方米之间的小户旧房。这
些旧房子虽然比较小，但是位于市中心，或者是住宅小区，所以交通方便，
价钱也可以。工薪族非常喜欢这样的房产。

　　我们看了一套建筑面积有45平方米的房子，环境不错。可是最后还是没
买，因为那套房子只有两间小房间，没有客厅，并且光线不太好。因此，我
们仍然在看，希望能买到合适的房子。

二弟

10月20日

☞ **Paraphrase the meaning of the following words in Chinese:**

1. 价位 jiàwèi_____

2. 小户旧房 xiǎo hù jiù fáng_____

3. 交通方便 jiāotōng fāngbiàn_____

4. 市中心 shì zhōngxīn_____

5. 总价 zǒng jià_____

6. 住宅小区 zhùzhái xiǎo qū_____

7. 建筑面积 jiànzhù miànjī_____

8. 工薪族 gōng xīn zú_____

9. 房产 fángchǎn_____

10. 抢手 qiǎng shǒu_____

11. 光线 guāngxiàn_____

12. 环境 huánjìng_____

☞ **Speaking Practice:**

In pairs, use the above words to describe a house or a housing market.

III. Read the following article and answer the questions:

城市住宅最高价：每平米一万元

建设部将全国分四类城市，房价分为高、中、低价位三档。

一类城市为北京、上海、广州、深圳。这些城市的商品住宅，低价位每平方米在1,500—2,500元；中价位在4000元以上；高价位要达到 8,000—10,000元。

二类城市为天津、杭州、重庆、大连、青岛。这些城市的商品住宅，低价位每平方米为1,200—2,000元；中价位3,000—5,000元；高价位6,000—8,000元。

三类城市是成都、兰州、长沙等。这些城市的商品住宅，低价位每平方米800—1,800元；中价位2,500元以上；高价位5,000—7,000元。

四类城市为中小城市。其商品住宅价格低价位每平方米为800—1,000元；中价位2,000元以上，高价位4,000元以上。

©《华声报》电子版

生词：

1. 平米	píngmǐ	square meter
2. 建设部	Jiànshè Bù	Ministry of Construction
3. 分	fēn	divide
4. 类	lèi	category
5. 价位	jià wèi	price level

Proper Nouns:

1. 广州	Guǎngzhōu	the capital city of Guangdong Province
2. 深圳	Shēnzhèn	a city in Guangdong Province
3. 杭州	Hángzhōu	the capital city of Zhejiang province
4. 重庆	Chóngqìng	one of China's largest cities
5. 大连	Dàlián	a city in Liaoning Province
6. 青岛	Qīngdǎo	a city in Shandong Province
7. 成都	Chéngdū	the capital city of Sichuan Province
8. 兰州	Lánzhōu	the capital city of Gansu Province
9. 长沙	Chángshā	the capital city of Hunan Province

☞ **Fill in the table with the information provided in the article:**

中国城市房地产价格表

	城市	价位
一类城市		
二类城市		
三类城市		
四类城市		

IV. Read the following article, answer the comprehension questions, and translate the underlined sentences into English:

公司介绍

新大软件有限公司是一家开发房地产应用软件的专业公司，所开发的软件已在全国多家房地产及物业管理公司应用。

我们的产品主要包括：

- 房地产销售管理系统 (房地产销售类)
- 物业收费管理系统 (物业类)
- 财务帐务管理系统 (通用)
- 财务资金流量表 (通用)
- 库存材料管理系统 (通用)

新大软件公司用其强大的技术开发力量和丰富的房地产管理经验，为国内房地产开发公司的现代化管理而不断推出新产品。

☞ **Answer the comprehension questions:**

1. 新大公司是房地产公司吗？

_____

_____

_____

2. 新大公司主要提供什么产品和服务？

_____

_____

_____

3. 新大公司生产的五种软件只能用于房地产业吗？

_____

_____

_____

☞ **Translate the following sentences into English:**

1. 新大软件有限公司是一家开发房地产应用软件的专业公司，所开发的软件已在全国多家房地产及物业管理公司应用。

   _____

   _____

   _____

2. 新大软件公司用其强大的技术开发力量和丰富的房地产管理经验，为国内房地产开发公司的现代化管理而不断推出新产品。

   _____

   _____

   _____

V. Listening Comprehension: (disc 2 track 12)

For script of the listening exercise, see Appendix A

☞ **Based on the conversation that you have heard, decide if the following statements are true or false:**

_____1. 有人担心中国的房地产市场存在泡沫，因为某些城市的房价增长很快。

_____2. 由于上海的目前常住人口已经达到2,000万，所以对房子的需求量很高。

_____3. 房地产业泡沫的一个初期特征是消费者盲目追求房价上涨。

_____4. 目前上海人均住房面积并不大，因此房地产业仍有发展空间。

_____5. 因为上海房地产市场长期以来供不应求，所以一定没有泡沫。

VI. Write an essay about the real estate market trend in your locality, or in a city/region that you know.

_____

_____

_____

_____

_____

_____

_____

_____

_____

六、补充练习

I. Read the following article, answer the comprehension questions:

北京住房三级市场即将"开闸放水"

　　华声报讯：北京二手房市场"坎儿"太多，市场始终不旺，这让有关部门很着急。记者近日了解到，北京市有关部门正在抓紧制定有关住房三级市场政策，即将出台的北京市公有住房使用权的交易管理规定将取消过去对公房使用权交易的限制，这对促进二手房市场发展将起很大作用。通常，人们将新建商品住房上市称为一级市场，二级市场是有产权的二手房交易行为，将公房的使用权转让、转租和交换唤作住房三级市场。二级市场上市交易，房主首先必须有房产证，经过房屋管理部门的同意，必须到房屋管理部门去办理手续，上市手续极为繁琐，房主上市的积极性不高，北京的二手房交易量一直不大。与二级市场不同的是，住房三级市场的交易要简单得多，因此一旦开放，将比二级市场更具活力。

©《华声报》电子版

生词：

1. 开闸放水	kāizhá fàngshuǐ	open the gate to let the water out
2. 坎儿	kǎnr	obstacle
3. 始终	shǐzhōng	all along
4. 抓紧	zhuājǐn	speed up, grip
5. 制定	zhìdìng	formulate
6. 出台	chūtái	come out
7. 公有	gōng yǒu	publicly-owned
8. 使用权	shǐyòng quán	the right to use
9. 新建	xīn jiàn	newly constructed
10. 转让	zhuǎnràng	transfer

11.	交换	jiāohuàn	exchange
12.	唤	huàn	call, name
13.	房产证	fángchǎn zhèng	grand deed
14.	同意	tóngyì	agreement
15.	繁琐	fánsuǒ	numerous and trivial
16.	积极性	jījí xìng	motivation
17.	一旦	yīdàn	once

☞ **Answer the comprehension questions:**

1. 开闸放水的意思是什么？

_____

_____

2. 中国房地产市场有哪三级市场？三级市场之间有什么不同？

_____

_____

3. 北京政府为什么要制定关于住房三级市场的政策？

_____

_____

4. 为什么北京的住房二级市场不旺？

_____

_____

5. 住房三级市场为什么会比二级市场活跃？

_____

_____

II. Read the following article, and decide if the statements are true or false:

按揭公司今年购70亿资产
料明年按揭息口趋稳，不影响购买计划

【明报专讯】香港按揭证券公司表示，今年购入的按揭资产将由预期的四十亿元增加至七十亿元。

另外，虽然按揭市场竞争激烈令到银行将按揭贷款售予按揭证券公司有所保留，但公司总裁彭醒棠表示，按揭息口竞争转趋稳定，料明年会继续向好，不会影响购买按揭资产计划。

公司并宣布推出五亿港元两年期债券，票面息率六点零五厘。市场预期，由于股市仍然不稳，加上市场这类型的债券供应量低，料会受到市场欢迎。

按揭证券高级财务副总裁李永权说，到今日为止，公司发行的债券额达五十亿元，料到年底时会达六十亿元，明年将有六十亿元债券需要赎回，相信明年发债额会较今年为高，但要视乎公司购买资产的情形而定。对于市场关注的资产质素问题，他表示超过九十日延期还款的百分比为百分之零点三，远较银行界的百分之一点三一为低；提前还款情形稳定，比例为百分之十八，较年中时的高峰期有很大改善。

是次债券发行分作两部分，发行量较大的四亿元，将以竞价投标方式予认可证券商认购，余下一亿元以非竞价投标方式予一般投资者认购。每半年派息一次，年回报率六厘一四，恒生银行为这次发债的收表银行及包销商，截止认购日期为十二月十一日。

©《明报》

生词：

1.	按揭	ànjiē	mortgage
2.	料	liào	expect
3.	趋	qū	tend to become
4.	稳	wěn	steady

5.	售予	shòuyú	sell to
6.	保留	bǎoliú	retain, reservation
7.	总裁	zǒngcái	president
8.	彭醒棠	Péng Xíng Táng	a person's name
9.	宣布	xuānbù	announce
10.	票面	piào miàn	face (value)
11.	债券	zhàiquàn	bond
12.	供应量	gòngyìng liàng	supply
13.	息率	xīlǜ	interest rate
14.	厘	lí	1%–used for interest rate
15.	财务	cáiwù	finance
16.	李永权	Lǐ Yǒng Quán	a person's name
17.	赎	shú	redeem
18.	发债	fā zhài	issue bond
19.	视 (乎) …而定	shì…ér dìng	determined by
20.	关注	guānzhù	pay close attention to
21.	素质	sùzhì	quality
22.	延期	yánqī	delay
23.	提前	tí qián	ahead of schedule
24.	高峰期	gāofēng qī	peak period
25.	是次	shì cì	this time
26.	发行	fāxíng	issue
27.	投标	tóubiāo	bid
28.	认购	rèngòu	subscribe
29.	派息	pài xī	distribute the interest
30.	回报率	huí bào lǜ	return rate
31.	收表	shōu biǎo	take care of the paper work
32.	包销商	bāoxiāo shāng	the business that has exclusive selling rights

☞ **Decide if the following statements are true or false:**

_____ 1. 香港按揭证券公司原来计划今年购按揭资产四十亿元，现在决定增
加到七十亿元。

_____ 2. 按揭市场虽然竞争激烈，但是明年按揭市场的竞争会比较稳定。

_____ 3. 由于按揭市场竞争激烈，银行决定保留所有的按揭贷款。

_____ 4. 香港按揭证券公司决定推出年息6.05%的两年期债券。

_____ 5. 香港投资人欢迎这类债券，是因为这种债券的回报率总是比股市高。

_____ 6. 在香港证券市场上，按揭资产债券的供应量不大。

_____ 7. 今年和明年香港按揭证券公司发行的债券额都在六十亿左右。

_____ 8. 明年发行的债券额还没有决定。

_____ 9. 香港投资市场非常关注资产的素质高低。

_____ 10. 香港按揭证券公司的客户延期还款的比率比银行的客户低。

_____ 11. 今年年中，有许多客户提前还贷款。

_____ 12. 这次债券发行都以竞价投标的方式认购。

_____ 13. 这些债券的票面利率和年回报率是6.14%。

_____ 14. 利息一年发两次。

_____ 15. 香港按揭证券公司委托恒生银行为包销银行。

第 10 课

商业合同

合同在商业活动中十分重要，因为这是当事人之间有关权利义务的协议。尽管商业合同有许多种类，但合同的关键是要确定各方的权利和义务，并保证各方履行其义务。为了保护当事人的利益，维护社会经济秩序，中国于1999年制定了合同法。

本课的对话讨论了各种不同的商业合同，以及商业合同应包括的基本条款。课文则采用了某公司的《销售确认书》，以实例说明销售合同的常用条款。

Contracts are important in business, as they are the agreements establishing the rights and obligations of the parties involved. Although business contracts come in many forms, the essential role of a contract is to determine the rights and obligations of each party named in the agreement and to ensure that each party will fulfill its obligations. In order to protect the interests of the parties involved and to maintain social order for business activities, China promulgated Contract Laws in 1999.

The dialogue in this chapter discusses the different types of business contracts and the basic clauses that should be included in a business contract. The text uses a company's "Sales Confirmation" as an example to illustrate the common clauses of a sales contract.

上图：上海巴黎春天百货公司
Photo: Printemps Department Store — a shopping mall in Shanghai

一、对话

（今天学习班的师生来到东方实业公司访问，该公司的钱经理向大家介绍了商业合同。）

钱经理：当交易双方同意交易条件之后，按照国际惯例，就需要签订合同。签订合同是为了保护双方的利益，维护社会经济秩序。由于合同在交易中非常重要，中国特别制定了合同法（钱经理给大家看《中华人民共和国合同法》）。你们看，合同法一共有428条，对不同的商业合同有非常详细的规定。

大卫：　商业合同有哪些种类？

钱经理：常见的有买卖合同、借款合同、租赁合同、技术合同、委托合同什么的。

玛丽：　一般来说，商业合同包括哪些内容？

钱经理：合同应该包括交易双方的姓名、联系地址，交易的产品或服务，数量，质量，价款，履行合同的期限、地点和方式，违约责任，以及解决争议的方法。

大卫：　合同一定要包括这些条款吗？

钱经理：刚才我提到的都是基本条款。合同的条款是由当事人约定的，因此合同可长可短，条款可多可少，双方可以根据具体情况决定。但是，制定合同也有一定的原则。比方说，书面合同就比较可靠，一旦出现争议，双方都有据可依。此外，合同条款的语言也很重要，意思应该清楚准确，不能有多种解释。

玛丽：　那在每笔交易中，制定合同要花很多时间吧？

钱经理：也不一定。拿我们公司来说，由于公司的贸易伙伴和经营产品相对稳定，所以我们就采用一种比较简单的"销售确认书"，确认书的形式是固定的，只需要变换 (或 "交换") 每笔交易的具体信息就可以了。

大卫：　　您有确认书的空白样本吗？能不能让我们看一下？

钱经理：当然可以。如果有问题，可以问我。

大卫：　　谢谢。

一、對話

(今天學習班的師生來到東方實業公司訪問，該公司的錢經理向大家介紹了商業合同。)

錢經理：當交易雙方同意交易條件之後，按照國際慣例，就需要簽訂合同。簽訂合同是為了保護雙方的利益，維護社會經濟秩序。由於合同在交易中非常重要，中國特別制定了合同法(錢經理給大家看《中華人民共和國合同法》)。你們看，合同法一共有428條，對不同的商業合同有非常詳細的規定。

大衛：　商業合同有哪些種類？

錢經理：常見的有買賣合同、借款合同、租賃合同、技術合同、委托合同甚麼的。

瑪麗：　一般來説，商業合同包括哪些內容？

錢經理：合同應該包括交易雙方的姓名、聯繫地址，交易的產品或服務，數量，質量，價款，履行合同的期限、地點和方式，違約責任，以及解決爭議的方法。

大衛：　合同一定要包括這些條款嗎？

錢經理：剛才我提到的都是基本條款。合同的條款是由當事人約定的，因此合同可長可短，條款可多可少，雙方可以根據具體情況決定。但是，制定合同也有一定的原則。比方説，書面合同就比較可靠，一旦出現爭議，雙方都有據可依。此外，合同條款的語言也很重要，意思應該清楚準確，不能有多種解釋。

瑪麗：　那在每筆交易中，制定合同要花很多時間吧？

錢經理：也不一定。拿我們公司來説，由於公司的貿易夥伴和經營產品相對穩定，所以我們就採用一種比較簡單的"銷售確認書"，確認書

　　　的形式是固定的，只需要變換(或"交換")每筆交易的具體信息就
　　　可以了。

大衛：　您有確認書的空白樣本嗎？能不能讓我們看一下？

錢經理：當然可以。如果有問題，可以問我。

大衛：　謝謝。

二、课文

销售确认书

编号 _____

日期 _____

卖方   买方

东方实业公司   (公司名称)

(公司地址)   (公司地址)

本合同由买卖双方订立，根据本合同的条款，买方同意购买，卖方同意出售下列商品。

定单号 _____

1.货名及规格	2.数量	3.单价	4.总价

5. 允许卖方 _____%数量及总值的增减。

6. 包装：

7. 装运日期：

8. 目的港：

9. 保险：

10. 付款条件：

信用证付款：不可撤销的信用证，允许部分装运及转运，见单付款。信用证将于（日期：　　　　）前抵达卖方，有效期至上述装运日期后（　　　　）天，付款地：上海。

签名

买方   卖方

                                         东方实业公司

一般条款

1. 质地、重量、尺寸、花型、颜色均允许合理差异。对合理范围内差异提出索赔，概不受理。

2. 买方对下列各点所造成的后果承担全部责任：(一) 不及时提供生产所需要的规格或其他细则；(二) 不按时开信用证；(三) 信用证条款与销售确认书不相符而不及时修改。

3. 人力不可抗拒的事故造成延期或无法交货，卖方不负任何责任。

4. 凡有对装运的货物质量提出索赔者，必须在货到目的港后的30天内提出。

5. 买方应在收到本销售确认书后10天内签退一份给卖方。如在此期限内不提出任何异议，本销售确认书即生效。

6. 凡因执行本合同所发生的或与本合同有关的一切争议，应由双方通过友好协商解决。如果协商不能解决，应提交中国国际经济贸易仲裁委员会上海分会根据该会的仲裁规定进行仲裁。仲裁裁决是终局的，对双方都有约束力。

二、課文

銷售確認書

編號_____

日期_____

賣方　　　　　　　　　　買方

東方實業公司　　　　　　(公司名稱)

(公司地址)　　　　　　　(公司地址)

本合同由買賣雙方訂立，根據本合同的條款，買方同意購買，賣方同意出售下列商品。

定單號_____

1.貨名及規格	2.數量	3.單價	4.總價

5. 允許賣方　　%數量及總值的增減。

6. 包裝：

7. 裝運日期：

8. 目的港：

9. 保險：

10. 付款條件：

信用證付款：不可撤銷的信用證，允許部分裝運及轉運，見單付款。

信用證將於(日期：　　　　)前抵達賣方，有效期至上述裝運日期後

(　　)天，付款地：上海。

簽名

買方　　　　　　　　　　賣方

　　　　　　　　　　　　東方實業公司

一般條款

1. 質地、重量、尺寸、花型、顏色均允許合理差異。對合理範圍內差異提出索賠，概不受理。

2. 買方對下列各點所造成的後果承擔全部責任：(一) 不及時提供生產所需要的規格或其他細則；(二) 不按時開信用證；(三) 信用證條款與銷售確認書不相符而不及時修改。

3. 人力不可抗拒的事故造成延期或無法交貨，賣方不負任何責任。

4. 凡有對裝運的貨物質量提出索賠者，必須在貨到目的港後的30天內提出。

5. 買方應在收到本銷售確認書後10天內簽退一份給賣方。如在此期限內不提出任何異議，本銷售確認書即生效。

6. 凡因執行本合同所發生的或與本合同有關的一切爭議，應由雙方通過友好協商解決。如果協商不能解決，應提交中國國際經濟貿易仲裁委員會上海分會根據該會的仲裁規定進行仲裁。仲裁裁決是終局的，對雙方都有約束力。

三、生词(生詞)

✎ 对话(對話)

1.	惯例	慣例	guànlì	N	common practice, convention
2.	利益	利益	lìyì	N	interest
3.	维护	維護	wéihù	V	maintain, safeguard, keep
4.	秩序	秩序	zhìxù	N	order
5.	详细	詳細	xiángxì	A	detailed, thorough
6.	租赁	租賃	zūlìn	N	lease
7.	价款	價款	jiàkuǎn	N	price
8.	违约	違約	wéiyuē	VO	violate the contract
9.	条款	條款	tiáokuǎn	N	clause
10.	当事人	當事人	dāngshìrén	N	parties involved
11.	准确	準確	zhǔnquè	A	accurate
12.	采用	採用	cǎiyòng	V	use, adopt
13.	确认书	確認書	quèrèn shū	N	confirmation (agreement)
14.	形式	形式	xíngshì	N	format
15.	固定	固定	gùdìng	A/V	fixed, fix
16.	变换	變換	biànhuàn	V	alter, change
17.	样本	樣本	yàngběn	N	sample copy

✎ 课文(課文)

18.	出售	出售	chūshòu	V	sell
19.	规格	規格	guīgé	N	specification
20.	单价	單價	dānjià	N	unit price
21.	总值	總值	zǒngzhí	N	total amount, total value
22.	增减	增減	zēngjiǎn	N	plusses and minuses

23.	包装	包裝	bāozhuāng	N/V	packing, pack
24.	装运	裝運	zhuāngyùn	N/V	shipping, ship
25.	目的港	目的港	mùdìgǎng	N	destination port
26.	付款	付款	fù kuǎn	VO	make a payment, pay
27.	不可撤销	不可撤銷	bùkěchèxiāo	A	irrevocable
28.	单	單	dān	N	(shipping) document
29.	抵达	抵達	dǐdá	V	reach
30.	有效期	有效期	yǒuxiàoqī	N	effective date
31.	质地	質地	zhìdì	N	quality of material
32.	重量	重量	zhòngliàng	N	weight
33.	尺寸	尺寸	chǐcùn	N	measurement, size
34.	花型	花型	huāxíng	N	printed pattern
35.	差异	差異	chāyì	N	difference, discrepancy
36.	概	概	gài	Ad	entirely, all
37.	受理	受理	shòulǐ	V	accept and hear a case
38.	后果	後果	hòuguǒ	N	outcome, aftereffect
39.	承担	承擔	chéngdān	V	bear, assume
40.	细则	細則	xìzé	N	detailed rules
41.	相符	相符	xiāngfú	V	match
42.	修改	修改	xiūgǎi	N/V	amendment, amend, revise
43.	抗拒	抗拒	kàngjù	V	resist
44.	延期	延期	yánqī	N/V	delay
45.	签退	簽退	qiān tuì	V	sign and return
46.	异议	異議	yìyì	N	objection, disagreement
47.	即	即	jí	Ad	immediately, right away
48.	生效	生效	shēngxiào	V	become effective

49.	仲裁	仲裁	zhōngcái	N/V	arbitration, arbitrate
50.	终局	終局	zhōngjú	N	(final) outcome, end
51.	约束力	約束力	yuēshùlì	N	binding force

四、语法练习 (語法練習)

一、笔

A measure word (for a business transaction, an amount of money)

Examples:

1. 最近我们公司跟美国客户达成了几笔交易。

   最近我們公司跟美國客戶達成了幾筆交易。

   Recently, our company has concluded several deals with American clients.

2. 工程需要的那笔资金至今没有批下来。

   工程需要的那筆資金至今沒有批下來。

   The fund that the project needs has not been approved yet.

3. 这笔生意比较复杂，最好由你亲自处理。

   這筆生意比較複雜，最好由你親自處理。

   This transaction is rather complicated. You might as well handle it yourself.

4. 公司正在向银行申请一笔贷款。

   公司正在向銀行申請一筆貸款。

   The company is applying for a bank loan.

→ **Translate the following phrases into Chinese:**

1. a business transaction_____

2. a very good deal_____

3. a personal loan_____

4. a government fund_____

5. an educational loan_____

6. an amount of insurance compensation_____

二、一般来说
generally speaking

Examples:

1. 一般来说，商业合同一式两份。

   一般來說，商業合同一式兩份。

   Generally speaking, business contract has two copies.

2. 一般来说，合同除了特殊条款外，还有一般条款。

   一般來說，合同除了特殊條款外，還有一般條款。

   Generally speaking, a contract includes some general clauses, in addition to special clauses.

3. 一般来说，买卖双方都允许一定限度的数量和金额差异。

   一般來說，買賣雙方都允許一定限度的數量和金額差異。

   Generally speaking, both the buyer and seller allow a certain limit of difference in quantity and amount.

4. 一般来说，中国的外贸公司接受信用证付款。

   一般來說，中國的外貿公司接受信用證付款。

   Generally speaking, international trade companies in China accept payment with Letter of Credit.

➜ Complete the following sentences:

1. 一般来说，消费者喜欢_____

   一般來說，消費者喜歡_____

2. 一般来说，投资股市_____

   一般來說，投資股市_____

3. 一般来说，市场的供求决定了_____

   一般來說，市場的供求決定了_____

4. 一般来说，广告_____

   一般來說，廣告_____

三、可……可……

Usually, two adjectives with opposite meanings are used after 可……
可…… to indicate flexibility.

Examples:

可大可小，可难可易，可简可繁，可近可远，可长可短，可多可少，

可高可低

→ **Complete the following dialogues using one of the above 可……可……
phrase:**

1. A：你买唱片的时候注意价格还是注意内容？

   B：我对唱片的价格不怎么注意，＿＿＿＿＿＿，但是一定得是我喜欢的
   音乐。

   A：你買唱片的時候注意價格還是注意內容？

   B：我對唱片的價格不怎麼注意，＿＿＿＿＿＿，但是一定得是我喜歡
   的音樂。

2. A：你要租什么样的房子？

   B：住房的面积＿＿＿＿＿＿，但是交通一定要方便。

   A：你要租甚麼樣的房子？

   B：住房的面積＿＿＿＿＿＿，但是交通一定要方便。

3. A：你看，这份合同才两页。

   B：合同＿＿＿＿＿＿，只要双方明白交易的条款就行。

   A：你看，這份合同才兩頁。

   B：合同＿＿＿＿＿＿，只要雙方明白交易的條款就行。

4. A：你找工作的时候，是不是首先注意收入的高低？

   B：不，对我来说，最重要的是那个工作有没有意思，收入并不是最重要
   的，＿＿＿＿＿＿。

A：你找工作的時候，是不是首先注意收入的高低？

B：不，對我來説，最重要的是那個工作有沒有意思。收入並不是最重要的，＿＿＿＿＿＿。

四、一旦

in case, once, now that, in the event

Examples:

1. 买卖双方一旦对合同发生争议，可以通过仲裁解决。

   買賣雙方一旦對合同發生爭議，可以通過仲裁解決。

   Once the buyer and the seller have dispute over the contract, it can be resolved through arbitration.

2. 一旦遇到人力不可抗拒的事故，卖方可能无法保证及时交货。

   一旦遇到人力不可抗拒的事故，賣方可能無法保證及時交貨。

   In the event of force beyond the seller's control, the seller may not be able to deliver the goods on time.

3. 一旦有质量方面的问题，可以在货物到达目的港后的30天内与我们联系。

   一旦有質量方面的問題，可以在貨物到達目的港後的30天內與我們聯繫。

   In case there is a quality problem, please contact us within 30 days after the goods have reached the destination port.

4. 顾客一旦需要技术服务，可以拨打本公司24小时的服务热线。

   顧客一旦需要技術服務，可以撥打本公司24小時的服務熱線。

   In case they need technical service, customers can call our company's 24-hour service hotline.

➜ **Discuss under what conditions, these situations can occur. Please use 一旦 when you describe the conditions.**

Example:

Situation: 卖方改变装运日期。

Condition 1:

一旦买方不及时开立信用证，卖方可以改变装运日期

Condition 2:

一旦发生了人力不可抗拒的事故，卖方可以改变装运日期。

Situation: 賣方改變裝運日期。

Condition 1:

一旦買方不及時開立信用證，賣方可以改變裝運日期。

Condition 2:

一旦發生了人力不可抗拒的事故，賣方可以改變裝運日期。

➜ **Now, you decide under what conditions the following situations may occur:**

1. 卖方不受理买方提出的索赔要求。

   賣方不受理買方提出的索賠要求。

   _____

2. 买卖双方决定签定交易合同。

   買賣雙方決定簽定交易合同。

   _____

3. 外贸逆差增加了。

   外貿逆差增加了。

   _____

4. 股市连续大幅度下跌。

   股市連續大幅度下跌。

   _____

5. 失业率上升得很快。

   失業率上升得很快。

---

6. 顾客可以退货。

   顧客可以退貨。

五、至

It is used in written Chinese. Has the meaning of 到.

Examples:

1. 信用证的有效期至装运日期后第15天。

   信用證的有效期至裝運日期後第15天。

   The Letter of Credit will remain valid until the 15th day after the shipment date.

2. 这批货物已经运至香港。

   這批貨物已經運至香港。

   The goods have been shipped to Hong Kong.

3. 至东京的下一次航班几点起飞？

   至東京的下一次航班幾點起飛？

   When is the next flight to Tokyo?

4. 买方应在装运日期前30天把信用证发至卖方。

   買方應在裝運日期前30天把信用證發至賣方。

   The buyer should send the L/C to the seller 30 days before the shipment date.

六、均

It is used in written Chinese. Has the meaning of 都.

Examples:

1. 对于交易条件，买卖双方均已同意。

   對於交易條件，買賣雙方均已同意。

   Both the buyer and the seller have agreed on the transaction terms.

2. 客户对商品的质量和价格均很满意。

   客户對商品的質量和價格均很滿意。

   The client is satisfied with both the quality and the price.

3. 由于受到国际经济的影响，生产成本及运输费用均有所上升。

   由於受到國際經濟的影響，生產成本及運輸費用均有所上升。

   Affected by the world economy, the cost for production and transportation has risen.

4. 我们对合同的第三条及第八条均持有疑问。

   我們對合同的第三條及第八條均持有疑問。

   We have questions concerning Clauses 3 and 8 in the contract.

→ Paraphrase the following sentences by using 均:

1. 近年来中国的出口大幅度上升，进口也增加很快。

   近年來中國的出口大幅度上升，進口也增加很快。

   _____

2. 该公司除了采用传统的贸易方式，还采用了比较灵活的贸易方式。

   該公司除了採用傳統的貿易方式，還採用了比較靈活的貿易方式。

   _____

3. 卖方认为他们的价格很合理，买方也觉得这个价格可以接受。

   賣方認為他們的價格很合理，買方也覺得這個價格可以接受。

   _____

4. 北京有交通问题，上海也有。

北京有交通問題，上海也有。

七、概

entirely, without exception

It is a short form of 一概, and is often used in written Chinese.

Examples:

1. 对于人力不可抗拒的事故造成买方的经济损失，卖方概不负责。

對於人力不可抗拒的事故造成買方的經濟損失，賣方概不負責。

The seller is not responsible for any of the buyer's losses in the event of force beyond the seller's control.

2. 对合理范围的差异提出索赔，概不受理。

對合理範圍的差異提出索賠，概不受理。

As for differences within a reasonable range, no claims will be accepted.

3. 你方提出的付款条件和保险条件，我方概无法接受。

你方提出的付款條件和保險條件，我方概無法接受。

We cannot accept the payment and insurance terms proposed by you.

4. 合同中的一般条款概根据国际贸易惯例所定。

合同中的一般條款概根據國際貿易慣例所定。

All the general terms in the contract are based on the convention of international trade.

→ **Translate the following sentences. Notice the subtle difference between 均 (都) and 概 (全都):**

1. 你方提出的付款条件中，付款日期和付款地点均有错误。

你方提出的付款條件中，付款日期和付款地點均有錯誤。

---

2. 你方提出的付款条件太不合理，我方概无法接受。

   你方提出的付款條件太不合理，我方概無法接受。

   _____

3. 上两个季度，进口总额和出口总额均保持了两位数的增长。

   上兩個季度，進口總額和出口總額均保持了兩位數的增長。

   _____

4. 对于那个客户的信用史，这些银行概无纪录。

   對於那個客戶的信用史，這些銀行概無紀錄。

   _____

5. We are not responsible for any losses caused by your mistakes.

   _____

6. The seller will be responsible for commodity inspection and custom clearance. But any aspect concerning the commodity insurance will be the buyer's responsibility.

   _____

   _____

   _____

八、凡 (是)
every, any, all

Unlike 都，均，概，凡 is often used to modify a noun phrase. It often takes the form of 凡是.

Examples:

1. 凡 (是) 助学贷款，都由个人贷款部办理。

   凡 (是) 助學貸款，都由個人貸款部辦理。

   All educational loans will be handled by the Department of Personal Loans.

2. 凡(是)认为受到该公司误导的客户，请马上与本律师事务所联系。

   凡(是)認為受到該公司誤導的客户，請馬上與本律師事務所聯繫。

   All customers, who believe to have been misled by the company, please contact our law firm immediately.

3. 凡(是)消费满100元的顾客，可以享受10%的折扣。

   凡(是)消費滿100元的顧客，可以享受10%的折扣。

   Those who have spent 100 *yuan* or more are entitled to a 10% discount.

4. 凡(是)需要技术支持的用户，请填写登记单。

   凡(是)需要技術支持的用戶，請填寫登記單。

   For those who need technical support, please fill out the registration form.

九、即

It is used in written Chinese, with the meaning of 就.

Examples:

1. 双方在合同上签字之后，合同即生效。

   雙方在合同上簽字之後，合同即生效。

   When both parties have signed the contract, it (then) becomes effective.

2. 商品检验之后，我方即可安排装运。

   商品檢驗之後，我方即可安排裝運。

   After the commodity inspection, we can (immediately) arrange shipment.

3. 货物到达目的港后，如发现质量问题，请即与卖方联系。

   貨物到達目的港後，如發現質量問題，請即與賣方聯繫。

   After the goods have reached the destination port, please contact the seller immediately if you find any defect in quality.

4. 如果马上下订单，一星期之内您即能收到货物。

   如果馬上下訂單，一星期之內您即能收到貨物。

   If you place the order right away, you will be able to receive the goods within a week.

五、综合练习

I. Based on the dialogue, answer the following questions:

1. 当双方同意交易条件之后，为什么要签定合同？

   _____

2. 商业合同除了买卖合同以外，还有那些种类？

   _____

3. 合同的基本条款应该包括下列内容吗？(Choose all that apply)

   ☐ 交易双方的姓名

   ☐ 交易双方的联系地址

   ☐ 交易的产品 (交易的服务)

   ☐ 数量

   ☐ 质量

   ☐ 价格

   ☐ 履行合同的期限

   ☐ 履行合同的地点

   ☐ 履行合同的方式

   ☐ 保险公司经纪人的名字

   ☐ 违约责任

   ☐ 解决争议的方法

   ☐ 交易双方所在地法院的地址

   ☐ 交易双方的银行帐户

   ☐ 交易双方的保险单号码

4. 是不是所有的商业合同都有一样数量的条款？

   _____

5. 合同所用的语言为什么很重要？

   _____

6. 如果一家公司的贸易伙伴和经营产品比较稳定，有什么方法可以节约该公司制定合同的时间和人力？

_____

_____

II. Based on the text, decide if the following statements are true or false:

_____ 1. 销售确认书包括10条特殊条款和6条基本条款。

_____ 2. 确认书的特殊条款部分有许多空白栏，买卖双方可以根据每次交易的情况填入具体信息。

_____ 3. 从确认书来看，买方不允许卖方在数量和总值上有一定限量的增减。

_____ 4. 从确认书来看，卖方除了信用证付款以外，不接受其他付款方式。

_____ 5. 卖方要求的付款地在上海。

_____ 6. 如果买方不及时提供生产所需要的规格和细则，买方对造成的后果不用承担责任。

_____ 7. 如果买方不按时开信用证，卖方对造成的后果不用承担责任。

_____ 8. 确认书说，如果发生了人力不可抗拒的事故，可以找保险公司索赔。

_____ 9. 确认书规定了货物质量索赔的时间期限。

_____ 10. 如果双方对合同产生争议，可以通过友好协商解决。

_____ 11. 合同规定，如果不能友好协商解决争议，可以通过法律解决。

_____ 12. 如果需要仲裁解决争议，可以通过任何国际仲裁委员会。

III. Fill in the blanks with appropriate words:

1.   受理　合理　允许　索赔　惯例

根据国际_____,买方应该_____数量和总值的_____差异。如果买方对合理范围岸内的差异提出_____,卖方概不_____。

2.   不可抗拒　负　延期

如果发生了人力_____的事故，并造成货运_____或无法交货，卖方不_____任何责任。

3.
约束力　规则　争议　通过　终局

　　跟合同有关的一切_____可以_____仲裁解决。仲裁委员会将根据该会的_____进行仲裁。仲裁裁决是_____的，对双方都有_____。

IV. Read the following contract and answer questions:

定金收付书

出租方：张北明(甲方)

承租方：王和平(乙方)

　　今甲方愿将东城区花园小区23号606室租给乙方使用。双方为达成协议，乙方向甲方交纳定金2,000元，以保证双方协议书的真实性，如任何一方违约，定金将作为赔偿金赔付对方。

出租方签名：张北明

承租方签名：王和平

(2003年8月23日)

1. 以上是什么种类的合同？

_____

2. 签定合同的双方是谁？

_____

3. 他们同意做什么？

_____

4. 乙方为什么给甲方2,000元？

_____

5. 如果甲方改变了主意，不愿把房子租给乙方，甲方需要把定金退给乙方吗？

_____

6. 如果乙方改变了主意，不愿再租甲方的房子，甲方需要把定金退给乙方吗？

_____

V. Speaking and Writing:

☞ Work in pairs. A is the seller and B is the buyer. A is selling B some personal property, such as a car, used books, furniture, a computer, or anything that A likes to buy. Discuss the transaction terms. After you have reached an agreement, write a simple business contract.

VI. Listening Comprehension: (disc 2 🔘 track 16)

For script of the listening exercise, see Appendix A

☞ Fill in the missing information for the following contract:

借款合同

借款方：林方

贷款方：林海

借款方为购买汽车，向贷款方借款，特制定本合同，以期共同遵守。

1. 贷款种类：私人贷款

2. 借款用途：购买汽车

3. 借款金额人民币_____元整。

4. 借款利率为年息百分之_____。

5. 借款和还款期限：借款时间共_____年。自2003年1月1日起，至_____年_____月_____日止。

6. 保证条款：

A. 借款方用_____做抵押，到期不能归还贷款方的贷款，贷款方有权处理抵押品。

B. 借款方必须按照借款合同规定的用途使用借款，不得挪作他用。

C. 借款方必须按合同规定的期限还本付息。

贷款方：<u>林海</u> (签名)

日期：<u>2002年12月20日</u>

借款方：<u>林方</u> (签名)

日期：<u>2002年12月20日</u>

六、补充练习

I. Below is a blank sales contract. Please read it through and familiar yourself with the general and specific clauses of the contract:

售货合同

供方：明星制衣有限公司　　　　　　　合同编号：

需方：全球国际贸易上海有限公司　　　签约日期：

　　　　　　　　　　　　　　　　　　页号：

根据中华人民共和国经济合同法和有关政策规定，经双方协商签定本合同：

一、产品名称，规格型号，数量，金额 (含税)。

品名规格	单位	数量	含税单价	总金额
数量和总值允许有5%的增减				

二、质量要求及技术标准：供方要严格按照客户封样及订单要求。

三、验收标准及方法：由客户指派技术人员到供方按照封样及订单要求进行抽验。

四、供方对货物出运后的质量负责的条件和期限：在有事实的前提和合理的期限内，供方对质量负全部责任。

五、包装材料和方法：出口标准纸箱，方法详见各订单具体要求。

六、交货日期，地点及运输方式：供方负责于＿＿＿＿＿＿＿(日期)将货物从供方仓库送至需方指定仓库 (此段运输所发生之费用由供方负责)。

七、结算方式及期限：需方在收货后约十五天左右支付供方以上金额之货款。

八、违约责任和解决合同纠纷的方式：双方协商解决，协商不成，依国家《经济合同法》向有关部门提出诉讼或仲裁。

十一、其他约定事项，以上未尽事宜以业务往来传真为依据，原件复印件有效。

供方：明星制衣有限公司　　　　需方：全球国际贸易上海有限公司

地址：市镇西路33号　　　　　　地址：上海市南京西路33号

生词：

1. 制衣	zhìyī	garment manufacturing
2. 含税	hán shuì	tax included
3. 标准	biāozhǔn	standard
4. 严格	yángé	strictly
5. 封样	fēngyàng	sealed sample
6. 验收	yànshōu	inspect and accept
7. 指派	zhǐpài	designated
8. 抽验	chōuyàn	random inspection
9. 前提	qiántí	precondition
10. 详	xiáng	in detail
11. 仓库	cāngkù	warehouse
12. 运输	yùnshū	transportation
13. 结算	jiésuàn	settle, settlement
14. 支付	zhīfù	pay
15. 纠纷	jiūfēn	dissention, dispute
16. 诉讼	sùsōng	law suit, litigate
17. 未尽事宜	wèijìnshìyí	matters concerned and not covered (in the contract)
18. 传真	chuánzhēn	fax
19. 原件	yuánjiàn	original (copy)
20. 复印件	fùyìnjiàn	copy
21. 有效	yǒuxiào	valid

II. The following is an order faxed to 明星制衣有限公司 by 全球国际贸易上海有限公司. Based on the fax, fill out the sales contract in Part I with the information provided.

李副厂长：

　　按照电话协商的结果，我们决定订1,000套F12女睡衣（￥45元/套），350条M15男童裤（￥20元/条），以及500件S33男衬衣（￥38/件）。总值：￥71,000。以上价格均含税。

装运日期是6月27日以前。

其他条款没有改变。

请根据订单准备合同。谢谢。

白萍
4月25日

III. Please work in pairs to fill in the missing information for the following dialogue, based on the sales contract you have completed:

A：你好，我姓刘。有些问题，我能向您请教一下吗？

B：小刘，怎么以前没见过你？你也在全球公司工作吗？

A：对，我是新来的业务员，刚从大学毕业，这个星期开始上班。

B：欢迎欢迎，我姓王，你就叫我老王吧。有什么问题需要我帮助？

A：是这样的。我是第一次看销售合同，里边有些条款我不太清楚，您能给我解释一下吗？

B：行。

A：您看，合同说，质量和技术标准要供方按照我们的订单要求。可是有时候，订单很难说清楚，一件衣服到底是什么颜色和式样。

B：所以合同上也说，可以根据_____和订单要求。一般来说，做服装生意，样品是非常重要的。

A：那我们怎么知道做好的衣服跟样品一样呢？

B：你可以看合同的第三条，_____。

A：抽验就是说，我们不一定每一件衣服都看吧？

B：对。

A：如果质量有问题怎么办？

B：你看一下，合同里也提到了这一点。

A：对，合同说，_____。

B：对于包装和运输，订单里也必须说清楚。所以对我们来说，做订单一
　　定要仔细，不能有任何错误。

A：合同的第八条说到了合同纠纷，执行合同的时候常有纠纷吗？

B：我们跟明星公司交易有很多年了，从来没有发生过违约的事情。但是
　　为了保护双方的利益，合同应该有违约条款。

A：看来，要解决违约的问题，可以用两种方式。一是_____；
　　二是_____。谢谢您的帮助，老王。

B：不客气。

第 11 课

商业法

商法是与经济活动密切联系的法律。为了规范市场经济秩序，中国颁布了一系列商业法律，主要包括：合同法、企业法、税收法、企业破产法、对外贸易法、会计法、专利法、商标法、竞争法、产品质量法、消费者权益保护法、土地管理法、著作权法、标准化法等。

本课对话为商业法定义，描述了商业法的范围。课文是一篇报刊文章，介绍了中国商业立法的未来趋势。

Business laws are closely related to business activities. In order to maintain order for the market economy, China has issued many new business laws, including laws regarding contracts, enterprises, taxes, corporate bankruptcy, international trade, accounting practices, patents, trademarks, competition, product quality, the protection of consumer rights, land use, intellectual property and industrial standards.

The dialogue of the chapter defines the term "business laws" and explains the range of business laws. The text is a newspaper article on future developments of formulating business laws in China.

上图：中国政府一打击非法经营活动的海报
Photo: Government poster to combat illegal business

一、对话

大卫： 王老师，昨天在东方实业公司，钱经理让我们看了合同法。平时我也常听人提到商业法，商业法一般包括哪些内容？

王老师：凡是跟商业活动有关的法律和法规，都可以称为商业法或商法。比如说，贸易法、投资法、保险法、房地产法都是商法的一部分。

大卫： 中国制定了许多商业法吗？

王老师：是的，近十多年来，制定了合同法、外资企业法、证券投资基金法、著作权法、信托法、专利法等等，这些都是人大已经通过的正式法律。此外，还制定了不少行政管理的法规。

玛丽： 法律和法规有什么不同？

王老师：法规还没有成为正式法律，是主管部门用来管理商业活动的一些规定和条例。

玛丽： 您能给我们举个例子吗？

王老师：当然可以。拿电子商务来说，因为这个领域较新，所以法律还不健全。但是中国政府已经公布了一些法规，比如维护互联网安全的决定、互联网上网服务营业场所管理条例、计算机软件保护条例等等。

玛丽： 中国的商法对涉外商业活动也有约束力吗？

王老师：是的，中国企业无论从事国内还是涉外商业活动，都应该遵守国家法律和国际商法。比方说，在国际贸易方面，世界贸易组织有一个关于关税和贸易的总协定。在这个总协定的基础上，世贸的成员国可以做出具体的贸易决定，象关税配额、出口补贴、优惠关税等。

大卫： 看来，商业法是一门很深的学问。

王老师：要了解商业法，我们可以用中国的一句老话来总结：活到老，学到
　　　　老，还有三分学不了。

一、對話

大衛：　王老師，昨天在東方實業公司，錢經理讓我們看了合同法。平時我也常聽人提到商業法，商業法一般包括哪些內容？

王老師：凡是跟商業活動有關的法律和法規，都可以稱為商業法或商法。比如說，貿易法、投資法、保險法、房地產法都是商法的一部分。

大衛：　中國制定了許多商業法嗎？

王老師：是的，近十多年來，制定了合同法、外資企業法、證券投資基金法、著作權法、信託法、專利法等等，這些都是人大已經通過的正式法律。此外，還制定了不少行政管理的法規。

瑪麗：　法律和法規有甚麼不同？

王老師：法規還沒有成為正式法律，是主管部門用來管理商業活動的一些規定和條例。

瑪麗：　您能給我們舉個例子嗎？

王老師：當然可以。拿電子商務來說，因為這個領域較新，所以法律還不健全。但是中國政府已經公佈了一些法規，比如維護互聯網安全的決定、互聯網上網服務營業場所管理條例、電腦軟體保護條例等等。

瑪麗：　中國的商法對涉外商業活動也有約束力嗎？

王老師：對，中國企業無論從事國內還是涉外商業活動，都應該遵守國家法律和國際商法。比方說，在國際貿易方面，世界貿易組織有一個關於關稅和貿易的總協定。在這個總協定的基礎上，世貿的成員國可以做出具體的貿易決定，象關稅配額、出口補貼、優惠關稅等。

大衛：　　看來，商業法是一門很深的學問。

王老師：要瞭解商業法，我們可以用中國的一句老話來總結：活到老，
　　　　　學到老，還有三分學不了。

二、课文

中国十届人大将加强经济立法

华声报讯：中国有关部门、机构就十届全国人大常委会经济立法工作的初步建议正在形成。公司法、证券法、商业银行法等法律的修改，国有资产法、破产法、期货交易法等法律的制定，有望列入立法规划。

据中国证券报报道，预计新一届人大将在规范市场主体、维护市场秩序、改善宏观调控、加强社会保障、发展基础产业和特殊行业、完善涉外立法等方面加大立法工作。

报道披露，有关部门建议修改的法律有：公司法、证券法、商业银行法、对外贸易法、预算法、票据法、注册会计法、合伙企业法、个人所得税法、价格法、劳动法、邮政法等。对这批法律进行修改，是中国市场经济体制深入发展，以及加入WTO后，中国经济环境变化的需要。

而新的立法建议包括：民法典及物权立法、国有资产法、破产法、期货交易法、外汇法、融资租赁法、企业信用制度建设立法、投资基金法、风险投资法、典当法、反垄断法、社会保险法、税法通则、企业所得税法、增值税法、国债法、信贷法、电子商务立法等。

©《华声报》电子版

二、課文

中國十屆人大將加強經濟立法

　　華聲報訊：中國有關部門、機構就十屆全國人大常委會經濟立法工作的初步建議正在形成。公司法、證券法、商業銀行法等法律的修改，國有資產法、破產法、期貨交易法等法律的制定，有望列入立法規劃。

　　據中國證券報報導，預計新一屆人大將在規範市場主體、維護市場秩序、改善宏觀調控、加強社會保障、發展基礎產業和特殊行業、完善涉外立法等方面加大立法工作。

　　報導披露，有關部門建議修改的法律有：公司法、證券法、商業銀行法、對外貿易法、預算法、票據法、註冊會計法、合夥企業法、個人所得稅法、價格法、勞動法、郵政法等。對這批法律進行修改，是中國市場經濟體制深入發展，以及加入WTO後，中國經濟環境變化的需要。

　　而新的立法建議包括：民法典及物權立法、國有資產法、破產法、期貨交易法、外匯法、融資租賃法、企業信用制度建設立法、投資基金法、風險投資法、典當法、反壟斷法、社會保險法、稅法通則、企業所得稅法、增值稅法、國債法、信貸法、電子商務立法等。

©《華聲報》電子版

三、生词(生词)

✐ 对话(對話)

1.	实业	實業	shíyè	N	industry and commerce
2.	商业法	商業法	shāngyèfǎ	N	business / commercial law
3.	包括	包括	bāokuò	V	include, consist of
4.	信托	信托	xìntuō	N/V	trust, entrust, confide
5.	专利	專利	zhuānlì	N	patent
6.	行政管理	行政管理	xíngzhèngguǎnlǐ	N	administration
7.	主管	主管	zhǔguǎn	N/V	person in charge, be in charge of
8.	规定	規定	guīdìng	N/V	regulations, stipulate
9.	条例	條例	tiáolì	N	regulations, rules
10.	领域	領域	lǐngyù	N	domain, territory, realm
11.	健全	健全	jiànquán	A/V	sound, perfect
12.	互联网	互聯網	hùliánwǎng	N	internet
13.	软件	軟件	ruǎnjiàn	N	software
14.	版权	版權	bǎnquán	N	copyright
15.	知识产权	知識產權	zhīshíchǎnquán	N	intellectual property
16.	从事	從事	cóngshì	V	be in engaged in
17.	遵守	遵守	zūnshǒu	V	abide by, comply with
18.	关税	關稅	guānshuì	N	tariffs
19.	成员国	成員國	chéngyuánguó	N	member state
20.	义务	義務	yìwù	N	duty, obligation
21.	具体	具體	jùtǐ	A	specific, particular
22.	配额	配額	pèi'é	N	quota
23.	补贴	補貼	bǔtiē	N/V	subsidy, subsidize

📝 课文(課文)

24. 立法	立法	lìfǎ	N	legislation
25. 初步	初步	chūbù	A	initial, preliminary
26. 形成	形成	xíngchéng	V	form, take shape
27. 破产	破產	pòchǎn	N/V	bankruptcy, bankrupt
28. 期货	期貨	qīhuò	N	futures
29. 列入	列入	lièrù	V	enter a list
30. 预计	預計	yùjì	V	estimate, expect
31. 规范	規範	guīfàn	N	stand, norm
32. 主体	主體	zhǔtǐ	N	major part, main body
33. 改善	改善	gǎishàn	N/V	improvement, improve
34. 宏观	宏觀	hóngguān	N	macroscopic view
35. 调控	調控	tiáokòng	V	regulate and control
36. 加强	加強	jiāqiáng	V	strengthen, enhance
37. 基础产业	基礎產業	jīchǔchǎnyè	N	basic industry
38. 特殊行业	特殊行業	tèshū hángyè	N	special industry
39. 披露	披露	pīlù	V	make it public
40. 预算	預算	yùsuàn	N	budget
41. 合伙	合夥	héhuǒ	V	form a partnership
42. 个人 所得税	個人 所得稅	gèrén suǒdéshuì	N	personal income tax
43. 民法典	民法典	mínfǎdiǎn	N	civil code
44. 物权	物權	wùquán	N	property rights
45. 融资	融資	róngzī	N/V	investment, invest
46. 制度	制度	zhìdù	N	system
47. 典当	典當	diǎndàng	V	impawn, mortgage

48. 垄断	壟斷	lǒngduàn	N/V	monopoly, monopolize
49. 通则	通則	tōngzé	N	general rule
50. 增值	增值	zēngzhí	N	appreciation, added value
51. 国债	國債	guózhài	N	national debt

四、语法练习(語法練習)

一、此外
besides, in addition, furthermore, moreover

Examples:

1. 旅行需要钱和时间，此外还需要有健康的身体。

   旅行需要錢和時間，此外還需要有健康的身體。

   Traveling needs time and money; furthermore it needs a good health.

2. 上个学期我在全校游泳比赛中得了第一名，此外还获得了500块钱的奖励。

   上個學期我在全校游泳比賽中得了第一名，此外還獲得了500塊錢的獎勵。

   Last semester I won the first place in the school swimming contest, and in addition, I was awarded 500 *yuan*.

→ **Combine each group into one sentence by using** 此外：

1. 中国人现在买房子买车的多了。中国人现在出国旅游的也越来越多了。

   中國人現在買房子買車的多了。中國人現在出國旅游的也越來越多了。

   _____

   _____

2. 大学生每年需要交学费、书本费。大学生每年还要交住宿费和伙食费。

   大學生每年需要交學費、書本費。大學生每年還要交住宿費和伙食費。

   _____

   _____

3. 学习外语要多听多看。学习外语还要多用。

   學習外語要多聽多看。學習外語還要多用。

   _____

   _____

4. 近年来，中国通过了不少商业法。政府部门也制定了许多商业法规。

近年來，中國通過了不少商業法。政府部門也制定了許多商業法規。

_____

_____

二、 据……(报道)……
according to (the press report), on the grounds of

Examples:

1. 据气象台预报，明天有雨。

据氣象臺預報，明天有雨。

According to the weather report, it is going to rain tomorrow.

2. 据新华社报道，上海地铁二号线已经胜利完工。

據新華社報導，上海地鐵二號線已經勝利完工。

According to the Xinhua News Agency's report, the construction for Shanghai subway route two has been successfully completed.

3. 据我看，这件事办不成。

據我看，這件事辦不成。

In my opinion, this cannot be done.

4. 据报道，这个地区的房地产价格比去年增长了10%。

據報導，這個地區的房地產價格比去年增長了10%。

According to the press, this region's real estate prices have increased by 10% over last year.

→ Rewrite the following sentences using 据：

1. 经济学家认为今年下半年银行的利息还会下跌。

經濟學家認為今年下半年銀行的利息還會下跌。

_____

2. 有关方面报道说，今年南方的水灾给当地的经济带来了巨大的损失。

   有關方面報導說，今年南方的水災給當地的經濟帶來了巨大的損失。

   _____

   _____

3. 去年全国人口统计公布，中国的总人口已超过13亿。

   去年全國人口統計公佈，中國的總人口已超過13億。

   _____

   _____

4. 王经理预计，公司今年下半年的营业额将与上半年持平。

   王經理預計，公司今年下半年的營業額將與上半年持平。

   _____

   _____

三、就
concerning, with regard to, on

When 就 is used as a proposition, it has the meaning of 关于 or 对于.

Examples:

1. 第十届人大就修改旧的商业法律和制定新的商业法律提出了建议。

   第十屆人大就修改舊的商業法律和制定新的商業法律提出了建議。

   The 10th People's Congress made recommendations on revising old business laws and formulating new business laws.

2. 李局长在会上就环境保护的问题作了报告。

   李局長在會上就環境保護的問題作了報告。

   Director Li gave a speech on environmental protection at the meeting.

3. 请大家就如何提高产品质量这个问题发表个人的意见。

   請大家就如何提高產品質量這個問題發表個人的意見。

   Please give your opinions on how to improve the quality of the product.

→ Read the following dialogs and translate the underlined sentences into English. Pay special attention to the different usages of 就.

Dialog 1

王老师：<u>现在我们就电子商务的一些法规和条例分组讨论。</u>

陈力：　老师，我们组讨论互联网安全和互联网服务营业场所管理等条例。

王老师：好。<u>张东，那你们组就讨论计算机软件保护条例吧。</u>

王老師：<u>現在我們就電子商務的一些法規和條例分組討論。</u>

陳力：　老師，我們組討論互聯網安全和互聯網服務營業場所管理等條例。

王老師：好。<u>張東，那你們組就討論電腦軟體保護條例吧。</u>

_____

_____

_____

_____

Dialog 2

陈丽：　老师，我对商业法很感兴趣，我应该看些什么书？

王老师：商业法是一门很深的学问。有关商业法的书很多。<u>你可以就商业法的某一方面深入下去。要不然你就是把商业法的书都看完了，也不一定都能理解。</u>

陳麗：　老師，我對商業法很感興趣，我應該看些甚麼書？

王老師：商業法是一門很深的學問。有關商業法的書很多。<u>你可以就商業法的某一方面深入下去。要不然你就是把商業法的書都看完了，也不一定都能理解。</u>

_____

_____

_____

_____

Dialog 3

张红：　老师，商业法是人大制定和通过的法律吗？

王老师：<u>不，人大就商业法的制定和修改提出一些建议，然后由有关部门制定具体的条例和规定，最后再提交人大通过。</u>

張紅：　老師，商業法是人大制定和通過的法律嗎？

王老師：<u>不，人大就商業法的制定和修改提出一些建議，然後由有關部門制定具體的條例和規定，最後再提交人大通過。</u>

_____

_____

_____

_____

五、綜合練習

I. Vocabulary Practice:

☞ **Translate the following into English:**

1. 公司法 _____

2. 证券法 _____

3. 商业银行法 _____

4. 国有资产法 _____

5. 破产法 _____

6. 期货交易法 _____

7. 对外贸易法 _____

8. 预算法 _____

9. 票据法 _____

10. 注册会计师法 _____

11. 合伙企业法 _____

12. 个人所得税法 _____

13. 价格法 _____

14. 劳动法 _____

15. 外汇法 _____

16. 融资租赁法 _____

17. 投资基金法 _____

18. 风险投资法 _____

19. 典当法 _____

20. 反垄断法 _____

21. 社会保险法 _____

22. 企业所得税法 _____

23. 国债法 _____

24. 信贷法 _____

25. 电子商务法 _____

II. Based on the dialogue, decide if the following statements are true or false:

____ 1. 跟商业活动有关的法规可以说是商业法的一部分。

____ 2. 商业法不包括合同法、外资企业法和证券投资基金法。

____ 3. 还没有成为正式法律的一些规定和条例可以称为法规。

____ 4. 世贸的成员国有各国具体的贸易决定，不必遵守世贸关于关税和贸易的总协定。

____ 5. 商业法的学问很深，一辈子都学不完。

III. Discuss the following questions based on the text:

1. 中国有关部门建议修改哪些商业法律，制定哪些新的商业法律？

_____

_____

_____

2. 人大加强经济立法工作的目的是什么？

_____

_____

_____

3. 为什么要修改一些旧的商业法律？

_____

_____

_____

IV. Listening Comprehension: (disc 2 🔘 track 20)

For script of the listening exercise, see Appendix A

1. 人大最近要修改：

　　A. 合同法、证券法、商业银行法。

　　B. 国有资产法、商业银行法。

　　C. 期货交易法、合同法。

　　D. 证券法、国有资产法。　　　　　　　　　____

2. 经济立法是为了：

    A. 满足保护环境的需要。

    B. 适应中国市场经济体制的发展，和经济环境的变化。

    C. 改变中国的经济体制。

    D. 发展中国的高科技工业。   ____

3. 在经济立法方面，

    A. 人大已经通过了许多商法。

    B. 人大已经通过并修改了许多商法。

    C. 人大已经制定了许多商法。

    D. 人大已经通过并修改了许多商法，而且正在制定一些新的商法。   ____

V. Take one business aspect (trade, real estate, stock market...) that you are interested in and find out whether there are any existing Chinese business laws in this aspect. You can look for the information either in Chinese or in English, then organize the information to make a presentation in Chinese. The following table is to help you organize your presentation.

商业领域	法律或法规名称	法律或法规的大致内容

六、补充练习

I. Read the following dialogue and complete the exercises:

A：随着中国加入世界贸易组织，我们面临着开放服务贸易市场的问题。问题是，中国目前在服务贸易领域，立法还很不完善，大多处于无法可依的局面。

B：你能举个例子吗？

A：你看，电信市场就是一个例子，目前中国的电信市场基本上是由政府管理的。如果要对外开放电信市场，让国外的电信公司进入中国，我们就需要制定电信法。

B：对，有了法律，才能做到有章可循，管理也就能透明化了。

A：此外，根据法律可以对市场进行有效管理，给竞争者提供平等资源和公平的竞争机会。

☞ **Speaking Practice:**

Use one or two sentences to summarize the main idea of the above dialogue and present your summary in class.

II. Read the following short speech and complete the exercises:

随着我国实行经济体制改革和对外开放的政策，跨国公司在我国的投资已经有了相当的规模，特别是在电子制造业和通讯设备制造业的投资。国内不少人担心，中国加入了世界贸易组织以后，市场会进一步对外开放，这将使更多的跨国公司进入我国市场。相对来说，这些跨国公司不但有雄厚的财力和世界知名的品牌，而且有强大的销售网络和广告宣传，因此他们有可能迅速控制我国的市场。这对一些国内企业非常不利。为了避免形成跨国公司垄断我国市场的局面，我觉得中国需要马上制定一个反垄断政策和反垄断法，只有这样才能保护中国的工业，遏制跨国公司在我国市场上的垄断势力。

☞ **Debate:**

Divide the class into two groups.

Group A: Take the position that China needs to open its market for multi-national companies, as free competition is vital for a market economy.

Group B: Take the position that protection of national industry is necessary for China as a developing country.

☞ **Writing Practice:**

What position does the speaker propose? Do you agree or disagree with the position? Please state and support your own position.

第 12 课

环境保护和可持续发展

可持续发展是既满足现代人的需求又不损害后代人满足需求的能力。在发展经济的同时，为后代保护好大气、淡水、海洋、土地和森林等自然环境和资源。中国可持续发展的主要政策包括：控制人口、防止环境污染、科学利用资源。由于环境保护对可持续发展至关重要，中国1989年制定了《环境保护法》。

本课对话总结了中国采取的主要环保措施，并以上海环保工作为例，说明了中国城市环保的重点。课文是一篇报刊文章，阐述了中国政府将发布的七项可持续发展规划。

Sustainable development is development that meets the needs of the present without compromising the ability of future generations to meet their own needs. Economic development should safeguard the environment and natural resources, such as the atmosphere, fresh water, ocean, land and forests for future generations. China's main policies for sustainable development include: population control, pollution prevention and energy efficiency. As environmental protection is of vital importance to sustainable development, China promulgated Environmental Protection Laws in 1989.

The dialogue of this chapter summarizes the major environmental protection measures adopted by China. It also explains the key components of environmental protection in urban areas, using Shanghai as an example. The text is a newspaper article, describing the seven sustainable development plans that are to be publicized by the Chinese government.

上图：上海市内的绿化地区
Photo: Green area in urban Shanghai

一、对话

(今天学习班的师生去访问一个环保组织，该组织的小林接待了他们。)

小林：为了保证经济的可持续发展，联合国早就提出，要保护并管理好地球上的自然资源。在环保上，每个人都很重要，每个人都能发挥作用，每个人都能带来变化。

大卫：请问，中国现在主要用什么方法来保护环境？

小林：政府通过了环境保护法，还提出了一些应该采取的环保措施。这主要分四个方面，第一是在环境保护和满足经济需求之间寻求平衡。第二是利用先进技术，改变社会生产方式，从高投入、高消耗、高污染改变到少投入多产出、低污染、无污染。第三是鼓励循环利用和绿色消费。第四是转变大家的价值观，为了世代间的平等，保护生态系统的平衡。

大卫：上海的环保重点是什么？

小林：重点是防治水质污染和大气污染、以及处理污水和城市垃圾。拿污水处理来说，除了成立污水处理厂以外，政府还要求各个社区在有条件的情况下建立自己的污水处理系统。这样生活污水经过简单处理以后就能用来浇灌绿地，美化环境。

玛丽：现在上海的汽车越来越多，你们怎么防治空气污染呢？

小林：到2000年6月底，中国已经实现了车用汽油无铅化，这有利于改善城市的空气质量。同时，政府还关停了一些污染严重的企业，让他们进行技术改造，并通过媒体每天发布城市的空气质量日报，请大家注意防治空气污染的问题。

玛丽：对了，我在电视上还看到过一些有关环保的广告，节约用电，节约用水，保护大熊猫什么的。

小林：环保要成功，得靠大家的努力，每个人都应该从小事做起。我们最近刚拍完了一部卡通教育片，请市民把生活垃圾分类：分成可循环利用的和不可循环的。

大卫：我们可以看看吗？

小林：行，去楼上吧，那里有录像机。

一、對話

(今天學習班的師生去訪問一個環保組織,該組織的小林接待了他們。)

小林:為了保證經濟的可持續發展,聯合國早就提出,要保護並管理好地球上的自然資源。在環保上,每個人都很重要,每個人都能發揮作用,每個人都能帶來變化。

大衛:請問,中國現在主要用甚麼方法來保護環境?

小林:政府通過了環境保護法,還提出了一些應該採取的環保措施。這主要分四個方面,第一是在環境保護和滿足經濟需求之間尋求平衡。第二是利用先進技術,改變社會生產方式,從高投入、高消耗、高污染改變到少投入多產出、低污染、無污染。第三是鼓勵循環利用和綠色消費。第四是轉變大家的價值觀,為了世代間的平等,保護生態系統的平衡。

大衛:上海的環保重點是甚麼?

小林:重點是防治水質污染和大氣污染、以及處理污水和城市垃圾。拿污水處理來說,除了成立污水處理廠以外,政府還要求各個社區在有條件的情況下建立自己的污水處理系統。這樣生活污水經過簡單處理以後就能用來澆灌綠地,美化環境。

瑪麗:現在上海的汽車越來越多,你們怎麼防治空氣污染呢?

小林:到2000年6月底,中國已經實現了車用汽油無鉛化,這有利於改善城市的空氣質量。同時,政府還關停了一些污染嚴重的企業,讓他們進行技術改造,並通過媒體每天發佈城市的空氣質量日報,請大家注意防治空氣污染的問題。

瑪麗:對了,我在電視上還看到過一些有關環保的廣告,節約用電,節約用水,保護大熊貓甚麼的。

小林:環保要成功,得靠大家的努力,每個人都應該從小事做起。我們最近剛拍完了一部卡通教育片,請市民把生活垃圾分類:分成可循環利用的和不可循環的。

大衛：我們可以看看嗎？

小林：行，去樓上吧，那裏有錄像機。

二、课文

中国经贸委发布七项可持续发展规划

华声报讯：为促进经济与资源、环境的协调发展，中国国家经贸委组织制定了七个可持续发展的相关规划，正式向社会公布。

这七个规划是《工业节水"十五"规划》、《能源节约与资源综合利用"十五"规划》、《节约和替代燃料油"十五"规划》、《新能源和可再生能源产业发展"十五"规划》、《墙体材料革新"十五"规划》、《散装水泥发展"十五"规划》和《环保产业发展"十五"规划》。国家经贸委有关负责人指出，解决资源战略中的突出问题，实现经济和社会的可持续发展，必须大力开展资源节约综合利用，加快新能源和可再生能源产业化建设，节水、节能、节材、节地，建立资源节约型社会，大力发展环保产业，为生态建设和环境保护提供技术支撑。因此，制定和发布上述规划，可以说是新世纪保障国家经济安全、改善环境、增强企业竞争力，实施可持续发展战略的重要措施。

©《华声报》电子版

二、課文

中國經貿委發佈七項可持續發展規劃

　　華聲報訊：為促進經濟與資源、環境的協調發展，中國國家經貿委組織制定了七個可持續發展的相關規劃，正式向社會公佈。

　　這七個規劃是《工業節水"十五"規劃》、《能源節約與資源綜合利用"十五"規劃》、《節約和替代燃料油"十五"規劃》、《新能源和可再生能源產業發展"十五"規劃》、《牆體材料革新"十五"規劃》、《散裝水泥發展"十五"規劃》和《環保產業發展"十五"規劃》。國家經貿委有關負責人指出，解決資源戰略中的突出問題，實現經濟和社會的可持續發展，必須大力開展資源節約綜合利用，加快新能源和可再生能源產業化建設，節水、節能、節材、節地，建立資源節約型社會，大力發展環保產業，為生態建設和環境保護提供技術支撐。因此，制定和發佈上述規劃，可以說是新世紀保障國家經濟安全、改善環境、增強企業競爭力，實施可持續發展戰略的重要措施。

©《華聲報》電子版

三、生词(生詞)

✎ 对话(對話)

1. 环保	環保	huánbǎo	N	environmental protection
2. 持续发展	持續發展	chíxù fāzhǎn	N	sustainable development
3. 地球	地球	dìqiú	N	earth
4. 自然资源	自然資源	zìrán zīyuán	N	natural resources
5. 发挥	發揮	fāhuī	V	exert, bring to play
6. 措施	措施	cuòshī	N	measure
7. 寻求	尋求	xúnqiú	V	seek
8. 平衡	平衡	pínghéng	N	balance
9. 投入	投入	tóurù	N/V	investment, invest, pour in
10. 消耗	消耗	xiāohào	N/V	consumption, consume
11. 污染	污染	wūrǎn	N/V	pollution, pollute
12. 循环利用	循環利用	xúnhuán lìyòng	V	recycle
13. 转变	轉變	zhuǎnbiàn	V	change
14. 价值观	價值觀	jiàzhíguān	N	value system
15. 世代间	世代間	shìdàijiān	N	inter-generation
16. 生态	生態	shēngtài	N	ecology
17. 防治	防治	fángzhì	V	prevent and control
18. 水质	水質	shuǐzhì	N	water quality
19. 大气	大氣	dàqì	N	atmosphere
20. 污水	污水	wūshuǐ	N	gray water, used water
21. 垃圾	垃圾	lājī	N	garbage
22. 浇灌	澆灌	jiāoguàn	V	irrigate
23. 美化	美化	měihuà	V	beautify

24.	社区	社區	shèqū	N	community
25.	汽油	汽油	qìyóu	N	gasoline
26.	无铅化	無鉛化	wúqiānhuà	V	become unleaded
27.	关停	關停	guān tíng	V	close down and stop (production)
28.	节约	節約	jiéyuē	V	save
29.	卡通	卡通	kǎtōng	N	cartoon
30.	分类	分類	fēnlèi	VO	categorize, sort
31.	录像机	錄像機	lùxiàngjī	N	VCR

✏ 课文 (課文)

32.	经贸委	經貿委	Jīng Mào Wěi	N	State Economic and Trade Commission
33.	协调	協調	xiétiáo	A	harmonious
34.	规划	規劃	guīhuà	N/V	plan
35.	十五	十五	shíwǔ		the 10th five-year plan
36.	节水	節水	jiéshuǐ	VO	water saving, save water
37.	替代	替代	tìdài	V	substitute
38.	燃料	燃料	ránliào	N	fuel
39.	可再生	可再生	kě zàishēng	A	recyclable
40.	墙体	牆體	qiángtǐ	N	wall
41.	材料	材料	cáiliào	N	material
42.	革新	革新	géxīn	N/V	inovation, inovate
43.	散装	散裝	sǎnzhuāng	A	bulk
44.	水泥	水泥	shuǐní	N	cement
45.	突出	突出	tūchū	A	prominent
46.	支撑	支撐	zhīchēng	V	support
47.	保障	保障	bǎozhàng	N/V	guarantee

| 48. | 上述 | 上述 | shàngshù | | aforementioned, above-mentioned |
| 49. | 实施 | 實施 | shíshī | N/V | implementation, implement |

四、语法练习 (語法練習)

一、在……情况下
under the circumstances of

Examples:

1. 在一般情况下，我方不接受分期付款。

   在一般情況下，我方不接受分期付款。

   Under normal circumstances, we don't accept payment by installment.

2. 在银行利率上升的情况下，今天的股市下跌了将近100点。

   在銀行利率上升的情況下，今天的股市下跌了將近100點。

   Under the circumstances of the rise of the bank interest rate, the stock market dropped almost 100 points today.

3. 在客户有此需求的情况下，我们可以提供上门服务。

   在客戶有此需求的情況下，我們可以提供上門服務。

   Under the circumstances that the customer has such a request, we can provide on-site services.

4. 在没有商品检验报告的情况下，保险公司无法受理索赔。

   在沒有商品檢驗報告的情況下，保險公司無法受理索賠。

   Under the circumstances that no commodity inspection report is available, the insurance company cannot accept the claim.

➜ **Answer the following questions, by using 在……情况下：**

1. 在什么情况下，股票市场会上涨？

   在甚麼情況下，股票市場會上漲？

   _____

2. 在什么情况下，一个国家的外贸会出现逆差？

   在甚麼情況下，一個國家的外貿會出現逆差？

   _____

3. 在什么情况下，失业率会上升？

   在甚麼情況下，失業率會上升？

   _____

4. 在什么情况下，中国急需健全商业法律？

   在甚麼情況下，中國急需健全商業法律？

   _____

二、进行 (改造)

> 进行 is usually used in written Chinese for stylish variance. Instead of using the "Subject + Verb + Object" (工厂改进了技术) format, one can use the format of "Subject + (对 Object) + 进行 + Noun phrase" (工厂对技术进行了改进).

Examples:

1. 为了改变高投入、高消耗、高污染的情况，许多企业对生产方式进行了改造。

   為了改變高投入、高消耗、高污染的情況，許多企業對生產方式進行了改造。

   In order to change the situation of high input, high consumption, and high pollution, many enterprises have altered their production mode.

2. 中国对分配制度进行了改革。

   中國對分配制度進行了改革。

   China has reformed its distribution system.

3. 联邦储备对银行利率进行了几次调整。

   聯邦儲備對銀行利率進行了幾次調整。

   The Federal Reserves adjusted the bank interest rate several times.

4. 我们需要对市场进行调查。

   我們需要對市場進行調查。

   We need to do a market research.

→ **Rewrite the following sentences by using** 进行：

1. 人大计划修改合同法。

　　人大計劃修改合同法。

_____

2. 当地政府调查了污染严重的企业，并让这些企业改造生产技术。

　　當地政府調查了污染嚴重的企業，並讓這些企業改造生產技術。

_____

3. 各成员国商讨了进出口的配额问题。

　　各成員國商討了進出口的配額問題。

_____

4. 这个城市正在重建老城区。

　　這個城市正在重建老城區。

_____

> ### 三、相关
> **mutually related, correlated**

Examples:

1. 经贸委制定了七个经济可持续发展的相关规划。

　　經貿委制定了七個經濟可持續發展的相關規劃。

　　The State Economic and Trade Commission has formulated seven correlated plans on sustainable economic development.

2. 根据顾客的需求，公司设立了一系列相关服务项目。

　　根據顧客的需求，公司設立了一系列相關服務項目。

　　In line with the customers' needs, the company has installed a series of related services.

3. 在公司法的基础上，该公司制定了相关的管理条例。

   在公司法的基礎上，該公司制定了相關的管理條例。

   Based on the corporate law, this company has established correlating management rules.

4. 你了解与出口相关的海关规定吗？

   你瞭解與出口相關的海關規定嗎？

   Do you know the Custom regulations related to export?

五、综合练习

I. Vocabulary Practice:

☞ **Translate the following into Chinese:**

1. Sustainable development _____

2. Protect natural resources _____

3. Environmental protection _____

4. Satisfy the economic needs _____

5. Less input for high output _____

6. Low pollution _____

7. Recycle _____

8. Change the value system _____

9. Balance of the eco-system _____

10. Processing system _____

11. Beautify the environment _____

12. Inter-generational equality _____

13. Improve the air quality _____

14. Save water _____

15. Save electricity _____

☞ **Translate the following into English:**

1. 促进经济和环境的协调发展 _____

2. 公布环保规划 _____

3. 综合利用资源 _____

4. 新能源产业发展 _____

5. 再生能源产业发展 _____

6. 解决突出问题 _____

7. 建立资源节约型社会 _____

8. 保障国家经济安全 _____

9. 增强竞争力 _____

10. 改善环境 _____

II. Discussion:

对话

1. 联合国为什么提出要保护并管理好地球上的自然资源？

2. 中国政府提出的环保行动主要包括哪四个方面？

3. 上海的环保重点是什么？

4. 中国怎么防治空气污染？

5. 你认为在环保工作中，社会教育能起什么作用？

课文

1. 中国国家经贸委为什么制定了一些可持续发展的规划？

2. 怎么才能在经济发展中解决资源不够的问题？

3. 你认为除了节约资源以外，有没有其他方法可以保护资源？

III. Read the following article and answer the questions:

城市生活污水利用"从楼做起"

城市生活污水处理利用"从楼做起"，是指发展以社区楼舍为单位的污水处理利用系统，其最大的优点是生活污水不出楼区，可统一处理和利用。据介绍，在城市化程度高的发达国家，一个社区和乃至一栋大楼往往都有自己的污水处理利用系统。饭店、旅馆、宾馆所排生活污水经过简单处理后，就能用作浇灌绿地等环境用水。

专家说，根据国外城市防污治污的经验，大城市必须建立大的污水集中处理设施。但是对于有上百万人口的大城市，一两个污水处理厂是远远不够的。而分散到社区楼舍的"点式"污水处理系统，在任何操作和成本方面具有明显的优势，完全可以作为污水集中处理的必要补充。

©《人民日报》网络版

生词：

1. 楼舍	lóushè	building, house
2. 系统	xìtǒng	system
3. 优点	yōudiǎn	advantage
4. 楼区	lóuqū	buildings and residential area
5. 城市化	chéngshì huà	urbanize, urbanization
6. 乃至	nǎizhì	to the extent that, even
7. 栋	dòng	measure word (for building)
8. 排	pái	discharge
9. 防污	fáng wū	prevent pollution
10. 治污	zhì wū	control pollution
11. 经验	jīngyàn	experience
12. 集中	jízhōng	centralize, collect
13. 分散	fēnsàn	disperse, decentralize
14. 点式	diǎn shì	dot (scattered) diagram
15. 操作	cāozuò	operate, operation
16. 具有	jùyǒu	have
17. 明显	míngxiǎn	obvious
18. 优势	yōushì	advantage, superiority

☞ **Based on the above article, fill in the missing information:**

1. 在城市化程度高的发达国家，一个社区和乃至一栋大楼往往都有自己的 _____利用系统。饭店、旅馆、宾馆所排_____

经过_____后，就能用作浇灌绿地等_____。

2. 根据国外城市＿＿＿＿＿＿＿＿的经验，大城市必须建立大的＿＿＿＿＿＿

＿＿＿＿＿。但是对于有上百万人口的大城市，一两个＿＿＿＿＿＿＿＿＿

是远远不够的。而分散到社区楼舍的"点式"＿＿＿＿＿＿＿＿＿，在任何操

作和成本方面具有明显的优势，完全可以作为污水集中处理的必要补充。

IV. Read the following dialogue and answer the questions:

A：你听说了吗？北京的发展战略是要成为节能型的国际化大都市。因此目
前首先要做的是大规模控制用煤。

B：太好了，我去过世界上不少大城市，象北京这样以烧煤为主的大城市并不
多。烧煤有不少害处，第一是能源消费量大，能源的使用效率低。第二容
易造成空气污染。

A：北京政府已经认识到这些害处，所以决定控制煤的消费量，特别是控制市
区的消费量。

B：政府决定采用哪些措施来减少用煤呢？

A：为了提高能源的综合利用效率，据说政府要制定优惠的价格政策，鼓励大
家改用其他高效、清洁能源。同时，也将制定更加严格的污染物排放标
准，并积极推广高新技术。

B：我觉得这些措施有利于北京的环境和市民的健康，一定会得到大家的
支持。

生词：

1. 煤	méi	coal
2. 烧	shāo	burn
3. 害处	hàichù	harm
4. 高效	gāoxiào	highly efficient
5. 严格	yángé	strict
6. 污染物	wūrǎnwù	pollutant
7. 排放	páifàng	discharge
8. 推广	tuīguǎng	spread

☞ **Based on the above dialogue, decide if the following statements are true or false:**

_____ 1. 北京决定控制用煤，因为北京的发展战略是要成为节能型的大都市。

_____ 2. 在世界各地，有不少大城市都以烧煤为主。

_____ 3. 烧煤的一个害处是能源使用效率比较低。

_____ 4. 烧煤的另一个害处是容易造成空气污染和水污染。

_____ 5. 政府采用了一些控制用煤的措施。

_____ 6. 减少用煤有利于北京的环境和市民的健康。

V. Listening Comprehension: (disc 2 🔘 track 24)

For script of the listening exercise, see Appendix A

1. 中国政府从什么时候开始制定环境保护法?

_____

2. 制定环境保护法律是为了哪四个目的？

_____

3. 为了保护这一代和将来世世代代的利益，我们应该做什么？

_____

4. 地球上的自然资源包括什么？

_____

VI. Writing and Presentation:

☞ **Write a short essay on what your community has done to protect the environment and make a presentation in class.**

_____

_____

_____

_____

VII. Translate the following sentences:

1. 国际市场对环境友好型产品的认可和日趋严格的环境标准，使中国许多企业的产品因低下的环境竞争力而处于不利境地，从而形成了中国企业所面临的日益沉重的环保压力。

2. 中国的企业急需绿化，环保产业的发展可以增强企业的环境竞争力，给企业的生存和发展带来活力。它的兴起可以有效遏制"高投入，高消耗，高污染"型的经济发展模式带来的恶果，保证经济的持续性发展。

3. 对于环保产业的发展来说，经济立法是极为重要的。良好的法律环境可以繁荣环保市场，而繁荣的环保市场又能促进环保产业的健康发展，这是一个创造经济和社会价值的良性循环。

六、补充练习

I. Read the following article and answer the questions:

中国国际环境保护技术与装备展将举办

第五届中国国际环境保护技术与装备展览会是目前国内同类展会中规模最大、技术水平最高、参展国家最多的一次盛会。届时将有来自中国、欧盟、德国、西班牙、奥地利、法国、瑞士、美国、日本、韩国、新加坡等十几个国家和我国香港等地区的近300余家展团和客商参展。展会期间，他们将在水质污染防治、大气污染防治、污水处理、节能、烟气脱硫、固体废物处理、城市垃圾处理、噪音防治、汽车环保、清洁生产、资源综合利用等方面向观众展出当今最先进的环保技术与设备，为用户提供最理想的选择。

©《人民日报》网络版

生词：

1.	装备	zhuāngbèi	equipment
2.	展览会	zhǎnlǎn huì	exhibition, fair
3.	届时	jièshí	at that time, on the occasion
4.	余	yú	over, surplus
5.	客商	kèshāng	client
6.	烟气	yān qì	smoke
7.	脱硫	tuō liú	sulfur-free
8.	固体	gùtǐ	solid
9.	废物	fèiwù	waste
10.	噪音	zàoyīn	noise
11.	清洁	qīngjié	clean
12.	选择	xuǎnzé	select, selection

Proper Nouns:

1. 欧盟	ōu Méng	European Union
2. 西班牙	Xībānyá	Spain
3. 奥地利	Áodìlì	Austria
4. 瑞士	Ruìshì	Switzerland
5. 韩国	Hánguó	Korea
6. 新加坡	Xīnjiāpō	Singapore

☞ **Match the Chinese words in Column A with the English words in Column B:**

1. 清洁生产 ____ A. Participate in the exhibition
2. 固体废物 ____ B. Comprehensive use of the energy
3. 理想选择 ____ C. Water pollution
4. 节能 ____ D. Clean production
5. 污水处理 ____ E. Solid waste
6. 环保技术 ____ F. Technical level
7. 技术水平 ____ G. Ideal choice
8. 参展 ____ H. Energy saving
9. 水质污染 ____ I. Treatment of used water
10. 资源综合利用 ____ J. Technology for environmental protection

☞ **Write a short summary of the above article:**

_____
_____
_____
_____
_____

II. Read the following dialogue and answer the questions:

A：在提到经济发展和保护环境的关系时，我常听到清洁生产。你了解什么是清洁生产吗？

B：清洁生产是90年代初以来国际社会提出的新的环保战略，主要是要改变传统环境保护的模式。传统的工业污染防治是单纯的末端治理，也就是比较注重最后的产品是不是对环境有害。可是现在是要在生产的全过程、产品设计和服务中，控制污染。这是一种综合的环保策略，从污染产生源减少生产和服务对环境的不良影响。

A：一般来说，怎么开展清洁生产呢？

B：简单来说，清洁生产就是采用清洁的能源、原材料、生产工艺和技术，制造清洁的产品。

A：中国政府对清洁生产有没有管理条例？

B：1996年国务院制定了《关于环境保护若干问题的决定》。其中要求制造商尽量采用清洁生产工艺，这样能减少能源的消耗和原材料的消耗，并且能减少污染物的排放量。

生词：

1.	清洁	qīngjié	clean
2.	单纯	dānchún	simply, purely
3.	末端	mòduān	end
4.	治理	zhìlǐ	control
5.	全过程	quán guòchéng	entire process
6.	源	yuán	origin
7.	工艺	gōngyì	technique
8.	若干	ruògān	some, several

☞ **Answer the following questions:**

1. 清洁生产是什么意思？

_____

2. 清洁生产跟以前的工业污染防治有什么不同？

_____

3. 有关清洁生产，中国政府制定了什么法规？

_____

III. Read the following short presentation and complete the exercises:

今天我想谈一下，中国环境法律的问题。中国从八十年代到现在，已经制定了十多个有关环境保护的法律，比如说，水污染防治法(1982通过)、草原法(1985年通过)、水法(1988年通过)、土地管理法(1988通过)、中国环境保护法(1989年通过)、固体废物污染环境防治法(1995年通过)、大气污染防治法(1995年通过)、海洋环境保护法(1999年通过)等等。

大致来说，环境法可以分成四种：

一、环保的基本政策和目标

二、保护自然资源

三、合理开发、利用自然资源

四、防治环境污染

环境法的制定说明政府对环境保护越来越重视。但是专家认为，中国的环境法还存在一些问题，主要有以下几个方面：

一、这些法律比较重视防治环境污染(解决问题)，而不够重视保护自然资源；

二、立法时往往采用"宜粗不宜细"的原则，结果造成法律过分抽象，不容易操作；

三、一些法律是八十年代制定的，现在已经不能解决市场经济发展的问题；

四、还有许多法律不是由立法机关制定的，而是由行政机关制定的，这样就不容易执法。

虽然还存在一些问题，但是我认为，环境法的建立有利于保护和改善环境，有利于协调经济发展和环境保护之间的关系，也有利于经济的可持续发展。

生词：

1. 草原	cǎoyuán	grassland
2. 海洋	hǎiyáng	ocean
3. 大致	dàzhì	roughly, approximately, generally
4. 宜粗不宜细	yí cū bù yí xì	should be general, and not specific
5. 过分	guòfèn	excessively, extremely
6. 抽象	chōuxiàng	abstract
7. 执法	zhí fǎ	implement the law, execute the law

☞ **Based on the presentation, decide if the following statements are in agreement or disagreement with the speaker's view:**

_____ 1. 最近二十多年来，中国制定了不少环境法律。

_____ 2. 这些环境法律基本上都是为了说明中国环保的基本政策。

_____ 3. 讲演者认为，不同的环境法律有不同的目的和作用。

_____ 4. 这些环境法的制定让专家非常满意。

_____ 5. 专家认为，中国环境法的一个问题是，不太重视保护自然资源。

_____ 6. 专家认为，在立法中应该采用"宜粗不宜细"的原则。

_____ 7. 虽然有些法律是八十年代制定的，但是仍然适用于今天的市场经济。

_____ 8. 由于立法的机构不统一，造成了执法困难。

附录一 (Appendix A)

听力材料文本　　Scripts for Listening Comprehension

第1课

　　上海市电信公司是中国电信集团公司的子公司，是2000年7月1日成立的。目前有20000多名员工。上海电信公司经营业务范围很广。我主要介绍他们的电话业务。他们提供上海地区的电话服务，国内、国际的长途电话，并可以安排会议电视。同时，上海电信还有电话卡业务，销售IP电信卡，并提供24小时的电话语音服务。

第2课

A：陈先生在吗？

B：我就是。啊，张小姐，有什么事吗？

A：我们上午商定的这笔生意，你还没有做合同吧？

B：正开始做呢。

A：能不能先等一等？关于装船日期，我们原来定在7月底以前吧？

B：对。

A：能不能改到7月中以前装船？因为我们定的是学生用品，最好8月初就可以上市，我怕7月底发货来不及。

B：提前两个星期问题应该不大。不过，我还是先跟厂家联系一下，再告诉你。

A：那好，我等你的电话。谢谢。

第3课

A：老高，这个周末你有什么打算吗？

B：听说书城正在搞促销，我打算去那里看看。书城寄来的销售海报上说，儿童读物打15%的折扣。工具书和教科书都打10%的折扣。此外，在促销期间，特价书全部半价。我正打算要买一本英文词典，同时也想给孩子买一些故事书。因此，这个促销来得正是时候。

第4课

专家认为中国电子商务虽然近年来在一些大城市发展得很快，但是总的来说上网的业务还不够多。有四个问题阻碍了电子商务的发展。第一是"为什么要搞电子商务"？第二是"怎么搞电子商务"？第三是"电子商务是不是安全、可靠"？第四是"搞电子商务依据什么法律"？如果这些问题解决了，上网的企业就会越来越多。

第5课

A：一般来说，一个公司每年都应该公布资产负债表吗？

B：对，资产负债表是年度财务报表的一种。它反映公司在某一特定日期全部资产、负债和所有者权益的情况。

A：那么，资产负债表的结构是什么样的呢？

B：你可以看一下这份资产负债表。它的基本结构是：资产等于负债加上股东权益。这个会计平衡式永远是这样的。

A：所以说，资产总额和负债总额应该是平衡的。

B：不，应该说，资产总额和负债及股东权益总额是平衡的。资产是公司拥有的资源。至于股东权益和负债反映的是公司不同权益人对这些资源的要求。

第6课

A：请问，是长城银行吗？

B：是。

A：你们有留学贷款吗？

B：没有。我们只有助学贷款。

A：那么你们办不办个人外汇业务？

B：不办。我们银行没有外币、外汇服务。我们只有人民币业务。

A：你知道哪个银行有外汇、外币服务？

B：中国银行各分行都有外汇、外币服务。

A：我还有一个问题，你们银行的营业时间是几点到几点？

B：营业时间是一周七天，每天上午10点到晚上7点。可是我们也为客户提供24小时的自动语音服务。客户可以随时打电话来查询个人帐户。

A：那么你们有没有网上银行？我可以用个人电脑上网操作吗？

B：对不起，我们现在还没有网上服务。

第7课

A：老王，听说你把工作辞了，在家炒股票。我对股票一窍不通，你能给我讲讲吗？

B：买股票是一种投资，与银行储蓄存款及购买债券相比较，风险很大，但也能给人们带来更大的收益。

A：买股票有什么好处？

B：买股票每年可以得到上市公司回报，如分红利、送红股。

A：那么股票可以随时买卖吗？

B：当然可以。你能够随时在股票市场上交易，获取买卖差价的收益，如果你需要现金，可以在股票市场上随时出售。

A：除此之外，买卖股票还有什么好处？

B：你能够在上市公司业绩增长、经营规模扩大时扩张股本。

A：还有呢？

B：在通货膨胀时，优质股票还能避免货币的贬值，有保值的作用。

A：看来，股票投资的好处真不少。我也应该买一些。

B：不过买卖股票的风险也不小。

第8课

A：喂，是平安保险公司吗？

B：对，请问您是哪儿？

A：我是长城钢铁公司。我们公司想投保企业财产险和利润损失险。

B：对不起，我们公司只有个人住房险和机动车辆险的业务，没有企业财产险和利润损失险的业务。

A：那么你们有没有职工医疗险和人寿险的业务？

B：有，不过我们只给50人以下的小型企业提供这方面的服务。

A：您知道哪些保险公司有这方面的业务？

B：新华、太平洋等保险公司都有这方面的业务。

A：谢谢您，先生。

B：不客气，小姐。

第9课

A：最近，中国华东地区一些城市的房价快速增长，有人开始担心房地产市场存在泡沫。

B：关于泡沫，专家有不同的看法。拿中国的第一大城市上海来说。有人认为，由于上海的人均GDP目前是5,000美元左右，上海人的购买力在提高。而且到2010年，常住人口可能会达到2,000万人，所以对房屋的需求量比较稳定。在上海买房子，泡沫的可能性很小。

A：可是我看到一篇报道，说是今年上半年，上海的房屋需求超过了供给的17%。这么大的供需差别是不正常的。目前不少消费者买房只有一个目的，就是追求高利润。这种消费者盲目追求房价上涨的情况往往是泡沫产生的初期特征。

B：消费者的确应该注意这种情况。但是我认为，上海目前的人均住房面积才13平方米，可以改善的空间很大。而且房地产市场已经连续两年供不应求了，因此在未来几年里，上海的房地产业将会继续上升。

第10课

林方：大哥，想跟你商量一件事。

林海：什么事？你说吧。

林方：你看，我搞运输也有好些年了，生意不错，可是我那辆车实在太旧太小了，想买辆新的，大的。能不能问你借些钱？

林海：你大概需要借多少？

林方：十五万。

林海：十五万？这笔贷款不小。我得卖掉些股票，并且把一些钱从银行取出来。

林方：为了不影响你的投资，我可以付你百分之十的贷款利率。

林海：百分之十太高了，还是百分之五吧。

林方：那好吧。大哥，我们虽然是兄弟，但是我觉得还是签订个书面借款合同比较保险。你认为呢？

林海：我同意。那么，这笔贷款你打算什么时候还给我呢？

林方：我想在三年内还清。

林海：行，就算是从2003年1月1日开始，到2005年12月31日为止。你觉得怎么样？

林方：很好。我看合同里还应该说清楚，汽车是这笔贷款的抵押品。如果发生了意外，我不能及时把钱还给你，你可以处理我的汽车。

林海：可以。

林方：这是我准备的合同草案，你看一看，现在我们可以根据刚才同意的条件，把合同做完。

第11课

A：老王，听说最近有关部门建议人大修改公司法、证券法、商业银行法等法律，并制定国有资产法、期货交易法等法律。

B：是啊，这些都是中国市场经济体制发展和经济环境变化的需要。

A：这些法律是不是人大已经通过的正式法律？

B：有些已经通过了，有些虽然通过了，但是还需要修改，此外还有一些正在制定之中。

A：新的立法建议都包括哪些？

B：新的立法建议包括很多方面，比如社会保险法、税法通则、信贷法和电子商务立法等。

A：看来中国在经济立法方面，还有许多工作要做。

B：是啊。

第12课

　　从二十世纪八十年代以来，中国政府制定了一系列的环境保护法。制定这些法律的目的有四个：一是为了保护这一代和将来世世代代的利益。联合国早就提出，地球上的自然资源，包括空气、水、土地、植物、动物等等，必须得到管理和保护。二是为了协调人和环境的关系，保护并改善环境。三是为了保护人们的健康。四是为了保证经济的可持续发展。

附录二 (Appendix B)

<table>
<tr><td colspan="6" align="center">生词索引   Vocabulary Index</td></tr>
</table>

A

安居	安居	ān jū	V	live in peace	8
安全	安全	ānquán	A/N	safe, security	4

B

罢工	罷工	bàgōng	N/V	strike, go on strike	8
版权	版權	bǎnquán	N	copyright	11
办理	辦理	bànlǐ	V	transact, handle	2
包括	包括	bāokuò	V	include, consist of	11
包装	包裝	bāozhuāng	N/V	packing, pack	10
宝贵	寶貴	bǎoguì	A	precious	5
保单	保單	bǎo dān	N	insurance policy	8
保管箱	保管箱	bǎoguǎn xiāng	N	safety deposit box	6
保护主义	保護主義	bǎohù zhǔyì	N	protectionism	2
保障	保障	bǎozhàng	N/V	guarantee	12
报表	報表	bàobiǎo	N	report	5
报关	報關	bào guān	VO	clear the customs	2
报刊	報刊	bàokān	N	newspapers and magazines	3
报收	報收	bàoshōu	V	close (the stock market)	7
暴涨	暴漲	bào zhǎng	V	rise sharply, jump	7
悲观	悲觀	bēiguān	A	pessimistic	7

倍受	倍受	bèi shòu	V	fully experience	7
比例	比例	bǐlì	N	proportion, ratio	1
必要性	必要性	bìyàoxìng	N	necessity	4
变动	變動	biàndòng	N/V	change	5
变更	變更	biàngēng	N/V	change, modify, modification	8
变换	變換	biànhuàn	V	alter, change	10
遍布	遍佈	biànbù	V	spread all over	6
标志	標誌	biāozhì	V	symbolize	9
拨打	撥打	bōdǎ	V	dial	3
补偿	補償	bǔcháng	N	compensation	1
补充	補充	bǔchōng	V	add	5
补贴	補貼	bǔtiē	N/V	subsidy, subsidize	11
不妨	不妨	bùfáng	Ad	might as well	4
不景气	不景氣	bùjǐngqì	N	depression, recession, slump	7
不可撤销	不可撤銷	bùkěchèxiāo	A	irrevocable	10

C

财产险	財產險	cáichǎn xiǎn	N	property insurance	8
财务	財務	cáiwù	N	finance	5
材料	材料	cáiliào	N	material	12
采用	採用	cǎiyòng	V	use, adopt	10
参保	參保	cān bǎo	VO	be insured	8
操心	操心	cāoxīn	V	worry	9
差异	差異	chāyì	N	difference, discrepancy	10

查询	查詢	cháxún	V	inquire about	6
产量	產量	chǎnliàng	N	output	3
产权	產權	chǎnquán	N	property ownership	9
扯	扯	chě	V	pull	7
撤单	撤單	chè dān	VO	withdraw insurance policy	8
成本	成本	chéngběn	N	cost	4
成绩	成績	chéngjī	N	achievement, result	5
成交	成交	chéngjiāo	N/VO	conclude a deal	2
成交量	成交量	chéngjiāo liàng	N	trading volume	7
成员国	成員國	chéngyuánguó	N	member state	11
承办	承辦	chéngbàn	V	undertake	2
承担	承擔	chéngdān	V	bear, assume	10
承兑	承兌	chéngduì	V	accept, honor	6
承付	承付	chéngfù	V	honor to pay	6
程序	程序	chéngxù	N	procedure, process	2
城镇	城鎮	chéng zhèn	N	city and town, urban area	8
持续发展	持續發展	chíxù fāzhǎn	N	sustainable development	12
持有	持有	chíyǒu	V	have, own	4
尺寸	尺寸	chǐcùn	N	measurement, size	10
酬宾	酬賓	chóubīn	N	bargain sales	3
出售	出售	chūshòu	V	sell	10
初步	初步	chūbù	A	initial, preliminary	11
处理	處理	chǔlí	V	deal with, handle	9
传统	傳統	chuántǒng	N	tradition	7
创造	創造	chuàngzào	V	create	7
此间	此間	cǐ jiān	N	this locality, here	9

从事	從事	cóngshì	V	be in engaged in	11
促销	促銷	cùxiāo	N/V	sales, promote sales	3
催	催	cuī	V	urge, press	2
存款	存款	cúnkuǎn	N	deposit, savings	6
磋商	磋商	cuōshāng	V	exchange views, negotiate	2
措施	措施	cuòshī	N	measure	12

D

搭乘	搭乘	dāchéng	V	ride, take	3
达到	達到	dádào	V	reach	1
打破	打破	dǎ pò	V	break	7
大多数	大多數	dà duōshù	N	the great majority	4
大气	大氣	dàqì	N	atmosphere	12
代客	代客	dài kè	VO	on behalf of the customer	6
代理	代理	dàilǐ	N	agent	2
贷记	貸記	dàijì	VO	keep record of a loan	6
贷款	貸款	dàikuǎn	N/V	loan	6
单	單	dān	N	(shipping) document	10
单价	單價	dānjià	N	unit price	10
单位	單位	dānwèi	N	unit, (working) unit	5
担保	擔保	dānbǎo	N/V	guarantee, sponsor	6
耽误	耽誤	dānwù	V	hold up, delay	5
当事人	當事人	dāngshìrén	N	parties involved	10
导致	導致	dǎozhì	V	lead to, result in, cause	7
登陆	登陸	dēnglù	VO	log on	3
等价物	等價物	děngjià wù	N	equivalent	5

抵达	抵達	dǐdá	V	reach	10
抵押	抵押	dǐyā	N	guaranty, mortgage	6
地段	地段	dìduàn	N	location	9
地球	地球	dìqiú	N	earth	12
递交	遞交	dìjiāo	V	submit	3
典当	典當	diǎndàng	V	inpawn, mortgage	11
电子商务	電子商務	diànzi shāngwù	N	e-commerce	4
调查	調查	diàochá	N/V	investigation, investigate, research	2
定单	定單	dìngdān	N	order	3
定期存款	定期存款	dìngqī cúnkuǎn	N	time deposit, CD	6
订舱	訂艙	dìng cāng	VO	reserve shipping compartment	2
订购	訂購	dìnggòu	V	order, place an order	3
董事长	董事長	dǒngshìzhǎng	N	chair of the board	1
独家小院	獨家小院	dújiāxiǎoyuàn	N	single-family house	9
独资	獨資	dúzī	N	private (funded)	1
兑换	兑換	duìhuàn	V	exchange, change for	3
多功能	多功能	duō gōngnéng	A	multi-functional	1

E

额	額	é	N	volume	1
额度	額度	édù	N	amount	9
二手房	二手房	èrshǒu fáng	N	existing homes	9

F

发挥	發揮	fāhuī	V	exert, bring to play	12
发盘	發盤	fā pán	N/VO	offer, bid	2
发行	發行	fāxíng	V	issue, publish	6
法规	法規	fǎguī	N	regulation, rule, code	4
法律	法律	fǎlǜ	N	law	4
反弹	反彈	fǎntán	V	bounce back	7
范围	範圍	fànwéi	N	range, scope	1
方式	方式	fāngshì	N	method	1
房地产	房地產	fángdìchǎn	N	real estate	9
房改	房改	fánggǎi	N	reform of housing policy	9
房型	房型	fángxíng	N	layout of the house	9
防治	防治	fángzhì	V	prevent and control	12
飞升	飛升	fēi shēng	V	rise sharply	7
分类	分類	fēnlèi	VO	categorize, sort	12
分配	分配	fēnpèi	N/V	allocation, distribute	9
分支	分支	fēnzhī	N	branch	6
纷纷	紛紛	fēnfēn	Ad	one after another	4
风险	風險	fēngxiǎn	N	risk	2
符合	符合	fúhé	V	accord with, conform to	7
负债	負債	fùzhài	N	liability	5
付款	付款	fù kuǎn	VO	make a payment, pay	10
附加	附加	fùjiā	V	add, attach	8
复杂	複雜	fùzá	A	complicated	2

G

改革	改革	gǎigé	N/V	reform	8
改善	改善	gǎishàn	N/V	improvement, improve	11
概	概	gài	Ad	entirely, all	10
高科技	高科技	gāo kējì	N	high technology	1
革新	革新	géxīn	N/V	inovation, inovate	12
个人电脑	個人電腦	gèrén diànnǎo	N	personal computer	3
个人所得税	個人所得稅	gèrén suǒdéshuì	N	personal income tax	11
公布	公佈	gōngbù	V	publicize, publish	5
公房	公房	gōngfáng	N	public housing	9
公共关系	公共關係	gōnggòng guānxī	N	public relations	6
攻击	攻擊	gōngjī	V	attack	4
供给	供給	gōngjǐ	V	supply, provide, furnish	7
供求	供求	gòngqiú	N	demand and supply	4
购买	購買	gòumǎi	V	purchase	1
购销	購銷	gòuxiāo	V	buy and sell	2
股	股	gǔ	N	stock, share	7
股市	股市	gǔ shì	N	stock market	7
股东	股東	gǔdōng	N	shareholder	5
股份制	股份制	gǔfènzhì	N	joint-stock system	6
股民	股民	gǔmín	N	stock holder	7
股票	股票	gǔpiào	N	stock	7
股值	股值	gǔzhí	N	share value	7
固定	固定	gùdìng	A/V	fixed, fix	10
关停	關停	guān tíng	V	close down and stop (production)	12

关税	關稅	guānshuì	N	tariffs	11
管理	管理	guǎnlǐ	N/V	management, manage	1
惯例	慣例	guànlì	N	common practice, (convention)	10
广	廣	guǎng	A	extensive	1
广告	廣告	guǎnggào	N	advertisement	2
规定	規定	guīdìng	N/V	regulations, stipulate	11
规范	規範	guīfàn	N	stand, norm	11
规格	規格	guīgé	N	specification	10
规划	規劃	guīhuà	N/V	plan	12
规律	規律	guīlǜ	N	rule	2
国民经济	國民經濟	guómín jīngjì	N	national economy	7
国内生产总值	國內生產總值	guónèishēng chǎnzǒngzhí		Gross Domestic Product (GDP)	7
国有	國有	guóyǒu	A	state-owned	1
国有企业	國有企業	guóyǒu qǐyè	N	state enterprise	8
国债	國債	guózhài	N	national debt	11
过	過	guò	Ad	too, excessively	8
过户	過戶	guòhù	VO	transfer title	9

H

海报	海報	hǎibào	N	poster	3
航空公司	航空公司	hángkōng gōngsī	N	airline	3
合伙	合夥	héhuǒ	V	form a partnership	11
合同	合同	hétóng	N	contract	2
合资	合資	hézī	N	joint-venture	1

合作	合作	hézuò	N/V	cooperation, cooperate	6
黑客	黑客	hēikè	N	hacker	4
宏观	宏觀	hóngguān	N	macroscopic view	11
后果	後果	hòuguǒ	N	outcome, aftereffect	10
互联网	互聯網	hùliánwǎng	N	internet	11
花型	花型	huāxíng	N	printed pattern	10
还盘	還盤	huán pán	N/VO	counter offer, counter bid	2
环保	環保	huánbǎo	N	environmental protection	12
汇兑	匯兑	huìduì	V	transfer, exchange	6
汇划	匯劃	huìhuà	VO	transfer funds	6
汇票	匯票	huìpiào	N	bank draft, money order	6
活期	活期	huóqī	N	current	6
伙伴	夥伴	huǒbàn	N	partner	1
货币	貨幣	huòbì	N	money, currency	7
货源	貨源	huòyuán	N	supply of goods	2

J

机动车辆	機動車輛	jīdòng chēliàng	N	motor vehicle	8
机构	機構	jīgòu	N	institution, organization	1
机器	機器	jīqì	N	machine	3
机型	機型	jīxíng	N	(computer) model	3
积极	積極	jījí	A	active	9
激活	激活	jīhuó	V	activate	9
基本	基本	jīběn	A	basic	8
基本上	基本上	jīběnshàng	Ad	mainly, on the whole	9
基础产业	基礎產業	jīchǔchǎnyè	N	basic industry	11

即	即	jí	Ad	immediately, right away	10
集体企业	集體企業	jítǐ qǐyè	N	collective enterprise	8
给付	給付	jǐfù	V	pay	8
纪录	紀錄	jìlù	N	record	7
技术	技術	jìshù	N	technology	1
继	繼	jì	V	follow	7
加工	加工	jiāgōng	V	process	1
加强	加強	jiāqiáng	V	strengthen, enhance	11
价款	價款	jiàkuǎn	N	price	10
价值	價值	jiàzhí	N	value	9
价值观	價值觀	jiàzhíguān	N	value system	12
监理	監理	jiānlǐ	V	control, manage	6
简介	簡介	jiǎnjiè	N	brief description	1
减额	減額	jiǎn é	VO	reduce the amount	8
减价	減價	jiǎnjià	N/VO	reduced price, reduce price	3
检验	檢驗	jiǎnyàn	N/V	inspection, inspect	2
件	件	jiàn	N	parts	1
建设	建設	jiànshè	N/V	construction, construct, build	9
健全	健全	jiànquán	A/V	sound, perfect	11
奖励	獎勵	jiǎnglì	V	award	3
降幅	降幅	jiàngfú	N	declining range, fall	7
降低	降低	jiàngdī	V	lower, reduce	4
交清	交清	jiāo qīng	V	pay off	8
交易	交易	jiāoyì	N	transaction	1
交易所	交易所	jiāoyì suǒ	N	Exchange	7
浇灌	澆灌	jiāoguàn	V	irrigate	12

阶段	階段	jiēduàn	N	stage, phase, period	6
节水	節水	jiéshuǐ	VO	water saving, save water	12
节约	節約	jiéyuē	V	save	12
结汇	結匯	jiéhuì	VO	settle by money transfer	2
结算	結算	jiésuàn	V	settle accounts, balance	6
截至	截至	jié zhì	P	up to	8
金融	金融	jīnróng	N	finance	6
仅	僅	jǐn	Ad	only	4
进料	進料	jìn liào	N/VO	imported material, import material	1
进出口	進出口	jìnchūkǒu	N/V	import and export	1
经贸委	經貿委	Jīng Mào Wěi	N	State Economic and Trade Commission	12
经济改革	經濟改革	jīngjì gǎigé	N	economic reform	1
经济适用房	經濟適用房	jīngjìshìyòngfáng	N	affordable housing	9
经济学	經濟學	jīngjìxué	N	economics	7
经营	經營	jīngyíng	V	engage in (business), deal in	1
居民	居民	jūmín	N	resident	9
居住	居住	jūzhù	V	live, reside	9
举办	舉辦	jǔbàn	V	hold, sponser	1
举例	舉例	jǔlì	VO	give an example	2
具体	具體	jùtǐ	A	specific, particular	11
剧增	劇增	jù zēng	V	leap, sharp increase	7

K

卡通	卡通	kǎtōng	N	cartoon	12
开发	開發	kāifā	N/V	development, develop	1
开放	開放	kāifàng	N/V	open, lift a ban / restriction	8
开盘	開盤	kāipán	VO	open (for trading)	7
开业	開業	kāiyè	VO	open for business	6
开支	開支	kāizhī	N/V	expenses, pay (expenses)	8
抗拒	抗拒	kàngjù	V	resist	10
考核	考核	kǎohé	V	examine, assess	5
可靠	可靠	kěkào	A	reliable	4
可再生	可再生	kě zàishēng	A	recyclable	12
空白	空白	kòngbái	N	blank, vacancy	4
控制	控制	kòngzhì	N/V	control	5
亏损	虧損	kuīsǔn	N/V	loss, lose	5

L

垃圾	垃圾	lājī	N	garbage	12
乐观	樂觀	lèguān	A	optimistic	7
类型	類型	lèixíng	N	type, kind	3
冷落	冷落	lěngluò	N	cold treatment	7
里程	里程	lǐchéng	N	mileage	3
礼券	禮券	lǐquàn	N	gift certificate	3
理赔	理賠	lǐpéi	VO	resolve a claim	2
立法	立法	lìfǎ	N	legislation	11
立契	立契	lìqì	VO	sign a contract, sign a deed	9

利润	利潤	lìrùn	N	profit	8
利益	利益	lìyì	N	interest	10
连续	連續	liánxù	Ad	continuously, successively	7
联行	聯行	liánháng	N	inter-bank	6
联合	聯合	liánhé	Ad	jointly	3
联手	聯手	liánshǒu	Ad	jointly	9
联体别墅	聯體別墅	liántǐ biéshù	N	townhouse	9
联展	聯展	liánzhǎn	N	joint exhibition, joint sales	3
列入	列入	lièrù	V	enter a list	11
灵活	靈活	línghuó	A	flexible	1
领域	領域	lǐngyù	N	domain, territory, realm	11
流动	流動	liúdòng	V	flow	5
垄断	壟斷	lǒngduàn	N/V	monopoly, monopolize	11
录像机	錄像機	lùxiàngjī	N	VCR	12
旅游	旅遊	lǚyóu	V	travel	6
履行	履行	lǚxíng	V	implement, execute	2

M

盲目	盲目	mángmù	A	blind, unrealistic	7
贸易	貿易	màoyì	N	trade	1
美化	美化	měihuà	V	beautify	12
猛升	猛升	měng shēng	V	rise suddenly	7
免费	免費	miǎnfèi	A	free	3
面积	面積	miànjī	N	area size	9
民法典	民法典	mínfǎdiǎn	N	Civit code	11
明星	明星	míngxīng	N	star	7

| 某 | 某 | mǒ | A | a certain | 1 |
| 目的港 | 目的港 | mùdìgǎng | N | destination port | 10 |

N

| 难题 | 難題 | nán tí | N | difficulty, challenge | 9 |

P

判断	判斷	pànduàn	N/V	judgment, judge, estimate	2
抛售	抛售	pāoshòu	V	dump, sell in big quantities	7
陪同	陪同	péitóng	V	accompany	2
赔	賠	péi	V	lose	7
赔偿	賠償	péicháng	V	pay for, compensate for	8
配额	配額	pèi é	N	quota	11
批发	批發	pīfā	V	wholesale	1
披露	披露	pīlù	V	make it public	11
偏远	偏遠	piānyuǎn	A	remote	3
票据	票據	piàojù	N	(business) document	6
平衡	平衡	pínghéng	N	balance	12
平均	平均	píngjūn	A	average	7
评估	評估	píng gū	V	appraise	9
凭	憑	píng	P	based on, with	3
瓶颈	瓶頸	píng jǐng	N	bottleneck	4
破产	破產	pòchǎn	N/V	bankruptcy, bankrupt	11

Q

期房	期房	qīfáng	N	houses to be built	9
期货	期貨	qīhuò	N	futures	11
企业	企業	qǐyè	N	enterprise	1
起步	起步	qǐbù	VO	start	6
汽油	汽油	qìyóu	N	gasoline	12
契约	契約	qìyuē	N	contract	8
签订	簽訂	qiāndìng	V	sign	2
签署	簽署	qiānshǔ	V	sign	6
签退	簽退	qiān tuì	V	sign and return	10
前景	前景	qiánjǐng	N	prospect, outlook	7
墙体	牆體	qiángtǐ	N	wall	12
抢购	搶購	qiǎnggòu	V	rush to purchase	7
抢眼	搶眼	qiǎngyǎn	VO	attractive, grab attention	7
清算	清算	qīngsuàn	V	settle, clear (accounts)	6
情绪	情緒	qíngxù	N	mood, sentiments, feeling	7
晴雨表	晴雨錶	qíngyǔ biǎo	N	barometer	7
驱动	驅動	qūdòng	N/V	drive	3
全球化	全球化	quánqiúhuà	N/V	globalization, globalize	3
权益	權益	quányì	N	equity	5
确认书	確認書	quèrèn shū	N	confirmation (agreement)	10
群体	群體	qúntǐ	N	group	3

R

燃料	燃料	ránliào	N	fuel	12
热线	熱線	rèxiàn	N	hotline	3
人民币	人民幣	Rénmín Bì	N	RMB (Chinese currency)	6
人数	人數	rénshù	N	number of people	8
人寿险	人壽險	rénshòu xiǎn	N	life insurance	8
日升点数	日升點數	rìshēng diǎnshù	N	rising points for the day	7
融资	融資	róngzī	N/V	investment, invest	11
如同	如同	rútóng	P	similar to, like	7
入住	入住	rùzhù	V	move in	9
软件	軟件	ruǎnjiàn	N	software	11

S

散装	散裝	sànzhuāng	A	bulk	12
伤脑筋	傷腦筋	shāng nǎojīn	A	troublesome, bothersome	9
商品房	商品房	shāngpǐnfáng	N	market-priced housing	9
商务	商務	shāngwù	N	business	1
商学院	商學院	shāngxuéyuàn	N	business school	1
商业法	商業法	shāngyèfǎ	N	business/commercial law	11
上窜	上竄	shàng cuàn	V	rise, go up	7
上升	上升	shàngshēng	V	rise, go up	7
上述	上述	shàngshù		aforementioned, above-mentioned	12
尚	尚	shàng	Ad	still	4
少儿	少兒	shào ér	N	child	8

设防	設防	shè fáng	VO	set up defense	4
社区	社區	shèqū	N	community	12
申购	申購	shēn gòu	V	apply to buy	9
审	審	shěn	V	examine	2
升幅	升幅	shēngfú	N	rise (range)	7
生态	生態	shēngtài	N	ecology	12
生效	生效	shēngxiào	V	become effective	10
剩	剩	shèng	V	remain, be left	5
十五	十五	shíwǔ		the 10th five-year plan	12
实施	實施	shíshī	N/V	implementation, implement	12
实收	實收	shíshōu	A	received, materialized	5
实业	實業	shíyè	N	industry and commerce	11
使用	使用	shǐyòng	N/V	use, make use of	9
市场	市場	shìchǎng	N	market	1
世代间	世代間	shìdàijiān	N	inter-generation	12
适当	適當	shìdàng	A	appropriate, suitable	3
事业	事業	shìyè	N	non-profit (working unit)	8
收取	收取	shōuqǔ	V	charge (a fee)	2
收市	收市	shōushì	VO	close the market	7
收益	收益	shōu yì	N	earnings, proceeds	5
手段	手段	shǒuduàn	N	measure	9
首付款	首付款	shǒu fù kuǎn	N	down payment	9
受理	受理	shòulǐ	V	accept and hear a case	10
暑期	暑期	shǔqī	A	summer	1
属于	屬於	shǔyú	V	belong to	2

数	數	shù	N	number	4
水泥	水泥	shuǐní	N	cement	12
水质	水質	shuǐzhì	N	water quality	12
私营	私營	sī yíng	V	privately own	8
送货上门	送貨上門	sònghuòshàngmén		deliver to the door	3
速度	速度	sùdù	N	speed	4
随着	隨着	suízhe	P	along with	1
所有权	所有權	suǒyǒuquán	N	ownership	2
索赔	索賠	suǒpéi	VO	claim, make a claim	2
损坏	損壞	sǔnhuài	N/V	damage	8
损失	損失	sǔnshī	N/V	loss, lose	8
损益	損益	sǔnyì	N	losses and gains	5

T

特价	特價	tèjià	N	special price	3
特殊	特殊	tèshū	A	special, particular	8
特殊行业	特殊行業	tèshū hángyè	N	special industry	11
体系	體系	tǐxì	N	system	4
体制	體制	tǐzhì	N	system	1
替代	替代	tìdài	V	substitute	12
填写	填寫	tiánxiě	V	fill out (a form)	3
条款	條款	tiáokuǎn	N	clause	10
条例	條例	tiáolì	N	regulations, rules	11
调控	調控	tiáokòng	V	regulate and control	11
贴现	貼現	tiē xiàn	VO	discount, time discount	6
通则	通則	tōngzé	N	general rule	11

通知	通知	tōngzhī	N/V	notice, announcement, announce	3
偷窃	偷竊	tōuqiè	V	steal	8
投保	投保	tóu bǎo	VO	purchase insurance	2
投入	投入	tóurù	N/V	investment, invest, pour in	12
投资	投資	tóuzī	N/VO	investment, invest	5
突出	突出	tūchū	A	prominent	12
突破	突破	tū pò	V	break, surpass	8
土地	土地	tǔdì	N	land, soil, ground	9
退保	退保	tuì bǎo	VO	cancel insurance	8
托…福	托…福	tuō…fú	VO	thanks to, blessed by	7
托收	托收	tuōshōu	N/V	collection, collect	6
托运	托運	tuōyùn	V	consign for shipment	2

W

外商	外商	wài shāng	N	foreign business	8
外资	外資	wàizī	N	foreign (funded)	1
网卡	網卡	wǎngkǎ	N	network card	3
网络化	網絡化	wǎngluòhuà	N/V	network, become a network	4
网页	網頁	wǎngyè	N	web page	3
网站	網站	wǎngzhàn	N	web site	4
违约	違約	wéiyuē	VO	violate the contract	10
维护	維護	wéihù	V	maintain, safeguard, keep	10
委托	委託	wěituō	N/V	entrust, trust	2
问世	問世	wèn shì	VO	come out, be established	7

污染	污染	wūrǎn	N/V	pollution, pollute	12
污水	污水	wūshuǐ	N	gray water, used water	12
无铅化	無鉛化	wúqiānhuà	V	become unleaded	12
无以数计	無以數計	wú yǐ shǔ jì	A	numerous	7
物权	物權	wùquán	N	property rights	11

X

细则	細則	xìzé	N	detailed rules	10
下跌	下跌	xiàdiē	V	go down	7
显示屏	顯示屏	xiǎnshìpíng	N	display screen	7
现房	現房	xiànfáng	N	new houses that have been built	9
现金	現金	xiànjīn	N	cash	5
限量	限量	xiànliàng	N	limited quantity	3
相对	相對	xiāngduì	Ad	relatively, comparatively	3
相符	相符	xiāngfú	V	match	10
详细	詳細	xiángxì	A	detailed, thorough	10
享受	享受	xiǎngshòu	V	enjoy	3
项目	項目	xiàngmù	N	item	5
消费	消費	xiāofèi	N/V	consumption, consume	6
消耗	消耗	xiāohào	N/V	consumption, consume	12
销售	銷售	xiāoshòu	N/V	sale, sell	2
效果	效果	xiàoguǒ	N	effect, result	5
效率	效率	xiàolǜ	N	efficiency	5
协定存款	協定存款	xiédìng cúnkuǎn	N	deposit under special agreement	6

协商	協商	xiéshāng	N/V	negotiation, negotiate	2
协调	協調	xiétiáo	A	harmonious	12
信托	信託	xìntuō	N/V	trust, entrust, confide	11
信用证	信用證	xìnyòngzhèng	N	Letter of Credit	2
行政管理	行政管理	xíngzhèngguǎnlǐ	N	administration	11
形成	形成	xíngchéng	V	form, take shape	11
形式	形式	xíngshì	N	format	10
型	型	xíng	N	type	8
修改	修改	xiūgǎi	N/V	amendment, amend, revise	10
寻求	尋求	xúnqiú	V	seek	12
询盘	詢盤	xún pán	N/VO	inquiry, inquire	2
循环利用	循環利用	xúnhuán lìyòng	V	recycle	12
迅猛	迅猛	xùnměng	A	rapid, fast	4

Y

押汇	押匯	yāhuì	N	security deposit	6
延期	延期	yánqī	N/V	delay	10
衍生	衍生	yǎnshēng	V	spread out, develop, evolve	7
养老险	養老險	yǎng lǎo xiǎn	V	retirement, old age insurance	8
样	樣	yàng	N	sample	1
样本	樣本	yàngběn	N	sample copy	10
样机	樣機	yàngjī	N	sample model	3
业务	業務	yèwù	N	business	1
一个劲儿	一個勁兒	yīgejìnr	Ad	continuously, persistently	7
医疗	醫療	yīliáo	N	medical care	6

依据	依據	yījù	N	foundation, basis	4
义务	義務	yìwù	N	duty, obligation	11
异议	異議	yìyì	N	objection, disagreement	10
易手	易手	yì shǒu	VO	change hands	7
意外	意外	yìwài	N	accident	8
因素	因素	yīnsù	N	factor, element	9
引进	引進	yǐnjìn	N/V	import	1
印发	印發	yìnfā	V	print and distribute	3
盈亏	盈虧	yíngkuī	N	profit and loss	2
赢余	贏餘	yíngyú	N	gain	5
优待券	優待券	yōudàiquàn	N	coupon	3
优惠	優惠	yōuhuì	A	favorable, special	3
优质	優質	yōuzhì	A	high-quality	4
邮寄	郵寄	yóujì	V	mail	3
有利于	有利於	yǒulìyú	V	be beneficial to	2
有限	有限	yǒuxiàn	A	limited	3
有效期	有效期	yǒuxiàoqī	N	effective date	10
预计	預計	yùjì	V	estimate, expect	11
预算	預算	yùsuàn	N	budget	11
约束力	約束力	yuēshùlì	N	binding force	10
跃升	躍升	yuè shēng	V	jump, leap	7
允许	允許	yúnxǔ	N/V	permit, allow, permission	9
运行	運行	yùnxíng	V	be in motion, operate	4
运作	運作	yùnzuò	N/V	operation, operate	4

Z

在线	在線	zàixiàn	P	on line	3
责任	責任	zérèn	N	responsibility, duty	8
增额	增額	zēng'é	N	increase (amount)	5
增减	增減	zēngjiǎn	N	plusses and minuses	10
增长率	增長率	zēngzhǎng lǜ	N	growth rate	7
增值	增值	zēngzhí	N	appreciation, added value	11
债券	債券	zhàiquàn	N	bond	6
债务	債務	zhàiwù	N	debt, liability	6
沾光	沾光	zhānguāng	VO	benefit from	7
展示	展示	zhǎnshì	N/V	exhibition, exhibit	3
战略	戰略	zhànlüè	N	strategy	6
战争	戰爭	zhànzhēng	N	war	8
账户	賬戶	zhànghù	N	account	5
针对性	針對性	zhēnduìxìng	N	focus, focalization	3
争相	爭相	zhēngxiāng	Ad	vie with each other	7
争议	爭議	zhēngyì	N	dispute	2
证交所	證交所	zhèngjiāo suǒ	N	Stock Exchange	7
证券	證券	zhèngquàn	N	securities	7
政策	政策	zhèngcè	N	policy	9
政府部门	政府部門	zhèngfǔ bùmén	N	government department	4
支撑	支撐	zhīchēng	V	support	12
支付	支付	zhīfù	V	pay, make a payment	4
支票	支票	zhīpiào	N	check	6
知识产权	知識產權	zhīshíchǎnquán	N	intellectual property	11

知音	知音	zhīyīn	N	friend	3
执行	執行	zhíxíng	V	implement	2
职工	職工	zhígōng	N	employee, worker and staff	8
指出	指出	zhǐchū	V	point out	4
指定	指定	zhǐdìng	V	designate	3
质地	質地	zhìdì	N	quality of material	10
质押	質押	zhìyā	N	collateral	6
制单	製單	zhì dān	VO	prepare documents	2
制定	制定	zhìdìng	V	formulate, make	2
制度	制度	zhìdù	N	system	11
制约	制約	zhìyuē	V	restrict, condition	4
秩序	秩序	zhìxù	N	order	10
置换	置換	zhìhuàn	V	purchase and exchange	9
仲裁	仲裁	zhòngcái	N/V	arbitration, arbitrate	10
终局	終局	zhōngjú	N	(final) outcome, end	10
重量	重量	zhòngliàng	N	weight	10
重要性	重要性	zhòngyàoxìng	N	importance	4
主管	主管	zhǔguǎn	N/V	person in charge, be in charge of	11
主体	主體	zhǔtǐ	N	major part, main body	11
主修	主修	zhǔxiū	V	major in	1
助学	助學	zhù xué	VO	education aid (student loan)	6
注册	註冊	zhùcè	V	recorded, registered	1
专利	專利	zhuānlì	N	patent	11
转变	轉變	zhuǎnbiàn	V	change	12

转口	轉口	zhuǎnkǒu	N/V	transit	2
装船	裝船	zhuāng chuán	VO	load the shipment	2
装运	裝運	zhuāngyùn	N/V	shipping, ship	10
准确	準確	zhǔnquè	A	accurate	10
资产	資產	zīchǎn	N	assets, capital	5
资费	資費	zīfèi	N	fee, charge	4
资金	資金	zījīn	N	capital, fund	1
资深	資深	zīshēn	A	experienced	5
资信	資信	zīxìn	N	credit (history)	6
自然资源	自然資源	zìrán zīyuán	N	natural resources	12
自营	自營	zìyíng	V	self manage, direct manage	2
自由化	自由化	zìyóuhuà	N	free	2
走势	走勢	zǒushì	N	trend	7
综合	綜合	zōnghé	A	comprehensive	1
总部	總部	zǒngbù	N	headquarter	6
总值	總值	zǒngzhí	N	total amount, total value	10
租赁	租賃	zūlìn	N	lease	10
组合	組合	zǔhé	N	combination	6
组织	組織	zǔzhī	N	organization	2
阻碍	阻礙	zǔ'ài	V	hinder	4
遵守	遵守	zūnshǒu	V	abide by, comply with	11

附录三 (Appendix C)

语法索引　　**Index of Grammar Points**